职业教育与终身教育

——韩国专门大学教育的特性

〔韩〕韩康熙（한강희）著

朴铃一 郑燕 译

商务印书馆
The Commercial Press
创于1897

职业教育学术译丛
出版说明

　　自《国务院关于大力推进职业教育改革与发展的决定》颁布以来，我国职业教育得到了长足发展，职业教育规模进一步扩大，职业教育已经成为国家教育体系的重要组成部分。为了更好满足社会经济发展需要，建设更多具有世界一流水平职业院校，商务印书馆与深圳职业技术学院共同发起、组织、翻译、出版了这套学术译丛。

　　我馆历来重视移译世界各国学术著作，笃信只有用人类创造的全部知识财富丰富自己的头脑，才能更好建设现代化的社会主义社会。为了更好服务读者，丛书主要围绕三个维度遴选书目。一是遴选各国职业教育理论著作，为职业教育研究人员及职业教育工作者提供研究参考。二是遴选各国职业教育教学模式、教学方法等方面的书目，为职业院校一线教师提供教学参考。三是遴选一些国际性和区域性职业教育组织的相关研究报告及职业教育发达国家的政策法规等，为教育决策者提供借鉴。

　　深圳职业技术学院为丛书编辑出版提供专项出版资助，体现了国家示范性高等职业院校的远见卓识。希望海内外教育界、著译界、读书界给我们批评、建议，帮助我们把这套丛书出得更好。

商务印书馆编辑部

2022 年 6 月

目　录

引言 教育立国，百年大计：
职业教育与终身教育

　　2008 年夏天，我参加了由韩国专门大学教育协会主办的学术会议，从此开始关注专门大学高等职业教育的发展。韩国专门大学教育协会（以下简称"协会"）隶属于教育部，是主管韩国专门大学诸多业务的特别法人。当时从一线大学选派的教授会聚一堂，在这里共同探讨关于高等职业教育工作的实际情况与未来发展规划。2009 年我在协会工作时，在职员工还不到 30 人，而现如今已经超过了 50 人；当时被选派的教授人数也只有 30 余人，而到 2020 年已经接近 100 人，可以说，我见证了协会规模的发展与壮大。

　　2009 年 2 月初，我承担了协会企划调整室的政策宣传工作，在位于首尔站附近的中区中林洞的协会办事处办公，为协会贡献一份微薄之力的同时，也算是在这里度过了有意义的研究年①。虽然有安山大学韩成泽教授的支持与帮助，但还是遇到了不少困难，其中最艰巨的任务就是要整理超过三十年的专门大学的高等职业教育发展史。

　　在完成《韩国专门大学教育十年史》的编纂之后，还留下了"二十年史"没有完成，而且当时正处于企划"二十五年史"的阶段，但由于种种原因，一再延期，加上"三十年史"亟待撰写。因此，我刚到协会任职，企划调整室李胜根室长就推荐我来负责此项工作，我也从"公报

　　① 为了让教授或研究员进行自由的研究活动，提升自身的水平，韩国的学校或研究机构会给予其 1 年左右的休假，称之为"研究年"或"疗养年"。——译注

官"① 转变成了"春秋官"② 的角色，努力挖掘并展现高等职业教育的深层内涵。

我想着既然一定要做这件事，那就努力做到最好。我访问了韩国数一数二的一百多所专门大学，拍照并收集了极具特色的"秘闻"资料，产生了无法言喻的成就感。在该书的结尾，记录了编纂后期作为"三十年史"执笔编辑委员长的感想：

首尔站后苑西小门公园的迎春花盛开，中林洞药岘圣堂院内紫色玉兰花间透着朦胧的春光。但现如今，我内心的春色有些许清凉孤寂。芽儿开花叶儿茂，我们开始奋笔疾书，走过了"溜溜六月""悠闲七月"，正当首尔中心的木觅山"换装"之时，各种图片与图表也相继登场。初雪和岁暮是自然规律，继而将迎接美好的春天。我时隔10年再次来到首尔，从"公报官"到"春秋官"的履职刚好满一年。就像"毕业"意味着崭新的开始一样，《韩国专门大学教育三十年史》的发行与其说是对一代过去人的总结，不如说是走向新未来的美好开端。

在担任韩国专门大学教育协会企划调整室政策科（专门）委员（2009年2月1日至2010年1月31日）和《韩国专门大学三十年史》编辑委员会执笔编辑委员长（2009年至2010年）后，我又陆续以专门大学政策顾问（2011年至2020年）、专业深化课程认定审核委员（2012年至2018年）、韩国高等职业教育评定院评定组组长兼院所委员会委员（2011年至2020年）等身份开展工作。此外，我还曾担任韩国教师协会联合会（KFTA）全国大学教授（协）会运营委员兼副会长（2012年2月至2015年2月）、全国道立大学教授协会顾问（委员）兼道立大学发展规划研究会委员（2011年至2019年）、韩国高等职业教育学会宣传理事兼大学自治团体共同发展委员会委员长（2013年至2020年）、全罗南道教育厅财政委员会委员（2018年至2020年）等职务，

---

① 公报官（공보관）：宣传国家机关制定的政策与业绩的机构。——译注
② 春秋官（춘추관）：记录时政的官衔。——译注

致力于推进韩国高等教育发展、韩国道立大学发展、专门大学产学合作以及全罗南道地区中小学教育的发展。

以派遣教授经历为契机，我还担任了教育部政策委员，为韩国高等教育政策的整体发展做出努力。其中包括担任教育部大学发展企划团专门大学分科政策委员（2013 年 5 月至 12 月）、教育部国政咨询自评委员（2013 年 5 月至 2017 年 4 月 30 日）、教育部特色化项目四项领域终身职业教育大学建设规划研究委员（2013 年至 2014 年）、教育部教育课程评审会运营委员会委员（2016 年 12 月 15 日至 2020 年 5 月）、光阳保健大学理事（教育部委派，2015 年 5 月至 2017 年 5 月）等。此外，我还进入教育部直属机构，担任韩国教育发展研究院（KEDI）大学结构改革组结构指标改进（整改）委员（2015 年 6 月至 12 月）、大学综合实力评定委员（2018 年至 2020 年）、教师培训机构实地考察评审委员（2017 年 9 月）等职务。

也正是这些经历，让我能够在道立大学任职期间，直接或间接地参与到大学自评和机构认证的各项工作中，探讨韩国大学的现状并规划韩国大学的未来。就最近几年来看，我主要担任了大学中长期发展企划委员会、全罗南道道立大学建校 20 周年事业推进委员会兼 20 年校史编纂委员会委员长、机构评价认证筹备（会）委员长、大学结构改革评价筹备（会）委员长、教学学习支援中心主任、大学企划委员会委员等，致力于（职业）教育内涵的提升、认定与评价工作。近期有关高等职业教育（研究）方面的成果，主要是参加各类学术会议并发表论文或发言总结，涉及的主要活动如下。

• 《公立专门大学现行指标及其问题与解决方案》，作主旨发言［全国公立专门大学协会，忠北（忠清北道）道立大学，2011 年 2 月］。

• 韩国高等职业教育学会研讨会，发言主题为"只有下一届政府做出改变，职业教育才会有出路"，教育科学技术部、韩国职业能力开发院、韩国高等职业教育学会共同主办（韩国新闻中心 19 层记者招待厅，2012 年 8 月）。

• 国会关于高等教育相关政策研讨会，发言主题为"建设国际水平专门大学"，韩国专门大学教育协会共同主办（国会议员会馆第 2 会议室，2012 年 9 月）。

• 韩国教师协会总联合会主办政策研讨会主要主持人及专门大学分会场发言人，发言主题为"大学评价机制的问题及其解决方案"（韩国首尔市瑞草洞韩国教师协会总联合会 5 层会议室，2013 年 5 月）。

• 韩国大学教育协（议）会主办政策研讨会发言人，发言主题为"大学评价机制的问题及其解决方案"（首尔市中区总统大酒店，2014 年 6 月）。

• 韩国高等职业教育学会发言人，发言主题为"高等职业教育政策的方向与定位"（釜山市海云台区 Centum 区庆南信息大学，2015 年 7 月）。

• 韩国高等职业教育学会—韩国高等职业教育改革运动本部主办，高等职业教育政策大型研讨会发言人，发言主题为"职业高等教育，为第四次产业革命时代的人才培养提供方向"（韩国新闻中心 20 层国际会议厅，2017 年 2 月）。

可以说，本书的撰写是基于以上对高等职业教育政策的规划与实践总结而来。书中每个章节的具体内容可概括如下。

第一章《韩国高等职业院校——专门大学的发展历程》，主要是参考编纂专门大学三十年史时收集的资料，重新梳理了专门大学的发展历程。即根据本人负责撰写的绪论与结论内容，将韩国专门大学的整体发展划分为从萌芽到飞跃的四个阶段，并以韩国教育史发展的时间为轴，深入探讨了韩国高等职业院校在各个时期如何实现量的增长与质的飞跃。

第二章《21 世纪教育环境变革背景下的高等职业院校发展方案》，主要阐述了通过教育课程与教学方法改革提高职业教育效率，构建评价认证体系提高国际影响力，培养国际人才提高教育产业竞争力的必要性。同时还强调，应该鼓励企业通过产学合作培养优秀专业人才，以巩固产业竞争力，而政府则需要从国家发展的角度提出人才培养与管理的具体规划。总体来说，就是宣扬以"优越性"、"多样性"与"高效性"为目标，以"教育产业化社会"（educational industry society）为背景，聚焦于"教育商业化"（educational consumerized）、"学习导向"（learning oriented）以及"网络化"（network driven）的发展方案。

第三章《高等教育政策中的"大学评价制度"》，主要针对高等教育政策中存在的诸多弊端，例如评价方法使用周期短、涉及范围窄，评价体系缺乏客观性与公正性，评价标准不统一，大学排名评价制度，财政来源等问题，主张建立由政府主导的大学评价机制，最大限度地缩小政府与高校之间的摩擦，充分发挥高校的自身优势。同时，提出引进和实施具备改革意义的"21世纪大学评价体系"，包括优化评价方法提高教育质量，强化评价体系的实施基础，扩大高等教育财政支持以及非政府部门的参与程度等。

第四章《终身职业教育体系的构建及其影响》，主要阐述了由专门大学联合研究会申请的教育部政策改革项目，具体内容包括：终身职业教育在韩国高校（包括普通大学与专门大学）的实施情况，终身职业教育大学的作用及运营模式，终身职业教育项目的开发及运营方案，终身职业教育大学的评选标准、方法及指标，财政规模与预算方案、后期运营方案、成果验收方案、质量管理方案等，并将其成果作为设计和规划四大财政支持项目的落地方案。

第五章《高等职业教育（高职院校）的现存问题与整改措施》，主要将整改专门大学的先后顺序定为"设计与规划—教学条件—教学运营—教学成果"，并下设具体（二级）指标。其中，设计与规划包括：规划与目标、领导力、大学责任；教学条件包括：教职工、学生、教育宗旨、实验实习室、财政、信息资源；教学运营包括：教育、产学合作、终身教育、学生支援、运营机制、国际化；教学成果包括：入学—在校满员率、中途退学率、就业率、学生个人综合实力（资历）、教育财政（非教育收入、产学合作收入、国家财政补贴、教育费用返还率）、教育满意度（学生、教职工、企业、毕业校友、地方社区）、声誉（名气、公众形象）等。

第六章《专门大学文化素质教育之写作课的现状与改善方案》，主要阐述了国家职业能力标准（NCS）课程体系的引进，以及开设职业沟通能力相关课程的具体方案。换句话说，就是以专门大学为主体，提出适用于专门大学的写作课程改革方案。具体包括：激活写作中心、进行课程建设与框架构建、扩大专任教师队伍、整改不同阶段写作课程的设计、开发及应用环节等。

第七章《工业 4.0 时代高等职业教育的改革与创新》，主要提出在深入理解高等职业教育发展脉络的前提下，对高等职业教育结构进行重组，并将高等职业教育核心问题纳入政策立法。本章主要对标李正杓、申贤硕两位教授的研究成果，对高等职业教育的现状进行了反思。

第八章《公立高等职业院校的现状与改革方案》，主要阐述了将现有道立大学整改为国立职业教育大学的必要性，并将研究成果整理成《向第 19 届总统候选人提出的有关道立大学发展的要求》一文。本章的第二节"高等职业教育的现状与整改方向"，由前东洋未来大学教授兼高等职业教育评价院院长梁汉柱先生执笔撰写。为确保本文整体逻辑通顺，在获得先生同意的前提下引用了该文章，其主旨如下：

由全国六个广域自治团体设立的七所道立（公立）大学，作为 20世纪 90 年代后期国家均衡发展教育政策的一环，在设立后的二十多年间，始终默默地引领着地区社会的发展。以发达国家为例，作为最高教育机构的大学，皆由国家主导负责运营，而职业教育更是如此。但在韩国，专门大学的 98% 皆为私立大学，只有 2% 是由广域自治团体设立和运营的。可以说，国家正在放弃职业教育。而现在，国家是时候应该采取积极行动了。其间，道立大学在"国立、公立"的美名下"有名无实"地站在公共交流的平台上，但从未受到过真正的关注。虽然是以引领地区均衡发展为目标设立的公立大学，但国家却从未向其提供过任何的财政支持。因此，整合道立大学和国立大学，可以将大学结构调整产生的负面影响降至最低，进而起到"安全阀"的作用。这是能够充分发挥结构调整示范大学作用的最佳方案，也直接关系是否能实现作为终身职业教育的阵地，引领终身学习时代，最终实现建立"国民终身学习大学"的目标。整合道立大学和国立大学，可以为顺利解决大学结构调整问题提供线索。对此，道立大学 7 所学校全体成员，强烈要求针对道立大学和国立大学进行整合。

此外，我还参与了"以解决青年失业为目标的高等职业教育改革方案"（杨汉洙等）、"专门大学四年制学科研究"（车甲富等）等项目，但由于这些项目皆属重大研究项目，且参与人员众多，在此就不做过多叙述了。

值得注意的是，本书根据每个章节的主题，在每章的末尾都相应地插入了实时的新闻、论坛、访谈、专栏、采访稿等内容。因为在阐述某些研究理论或研究内容时，稍有不慎就会变得僵硬、艰涩且难以理解。为了能够顺利实现理论的普及与落地，采用杂志期刊（Journal）这种具有弹性的体裁不乏是一个很好的选择。这些从中央日刊、地方刊、大学校刊等摘取的文章，紧扣韩国高等教育中的热门话题，主要探讨了关于韩国职业教育和终身教育的发展现状与未来成就。即聚焦于专门大学、地方大学、道立大学发展过程中存在的种种困难与局限性，探索其相应的解决方案。

此书的出版并非我一人功劳。感谢同行的各位前辈与同僚留下的诸多成果，并给予我诚恳的建议与鼓励。由于给予我帮助的人太多，无法在这里一一写下姓名。其实，直到撰写完成，仍有诸多考虑和不安。虽然看起来有些不自量力，但好在能够留下盛极一时的痕迹，为韩国高等职业教育发展尽绵薄之力，这也让我多了一份勇气。

愿拥有一双慧眼、一颗明心的各位读者能够给予本书更多的宽容与理解。

韩国光州中外公园胎封山脚下

2020 年秋末

韩康熙

第一章　韩国高等职业院校——专门大学的发展历程

一、绪论

从近代大学学制的开始实行到 21 世纪教育市场的开放，韩国的专门大学作为高等职业教育机构，一直发挥着中流砥柱的作用。尤其是在民族解放[①]后，随着经济的高速发展，韩国的职业教育取得了令人瞩目的成就。近几年来，为了适应多媒体、跨文化时代，以及信息化社会的教育环境变化（Paradigm Shift），韩国的专门大学致力于培养符合产业发展与劳动市场需求的职业人才，努力推行多种多样的职业教育，确保其深度与广度。

韩国现共有 146 所专门大学，包括 2 所国立大学、8 所公立大学，以及 136 所私立大学。其中，2 所国立大学分别是韩国铁道大学、韩国康复福利大学，均位于京畿道一带。1969 年，仁川专门大学获批成立，随着地方政府对高职院校支持政策的落实，其余 7 所公立大学均在 20 世纪 90 年代后期陆续创办。

20 世纪初，韩国培花女子大学、崇义女子大学等 6 所大学开始实行近代学制；到了 70 年代，韩国成立了 48 所专门大学；1995 年"5·31 教育改革"实施后，韩国修订了高等教育法，在"大学设立准

[①]　1945 年 8 月 15 日，韩国结束了长达 35 年的日本殖民统治，实现了民族解放。——译注

则主义"①影响下，陆续创办了 50 多所专门大学，成为创办专门大学数量最多的时期。

依照韩国教育史的制度性变迁，专门大学的职业教育发展进程可分为三个阶段，即正式命名为"专门大学"的 1979 年之前的"萌芽与形成期"，从 1979 年到 1996 年的"成长与发展期"，以及 1997 年之后的"改革与飞跃期"。可以说，韩国专门大学在优化职业教育的过程中，努力做到了量的扩大与质的提升。

下面将从韩国专门大学的三个发展阶段，阐述不同时期的教育制度与教育过程中的主要特点及其意义。

二、专门大学的萌芽与形成（1979 年以前）

1. 高等职业教育体制的萌芽与形成

韩国的教育法制定于 1949 年 12 月，之后经历了十余次的改革。其中，高等职业教育的学制变化尤为突出，呈现了初级大学（1950—1977）、高等职业专门学校（1963—1977）、专门学校（1970—1978）、专门大学（1979 年至今）、开放（产业）大学（1982 年至今）、技术大学（1998 年至今）、技能大学（1997 年至今）等多样体制。从表 1-1 可以看出，专门大学与一般大学构成了韩国高等教育的两大支柱。

在国家主导下，以供给侧为主的经济发展理论下的技术人才培养导致了韩国两年制大学几种体制的变化。这是由于韩国光复以后，在资源不足的贫困环境下，通过人力资源开发以保证经济发展的有意之举。

韩国的专门大学到 1960—1970 年间实现了飞跃性的发展。1964 年仅有 45 家高等教育机构，到了 1978 年增至 112 家；1979 年更名为专

---

① "大学设立准则主义"是指大学的创办只要保证教育宗旨、教师、基本资产等标准即可的化繁为简的政策。从区域划分来看，首都圈有 47 所专门大学，占比三分之一，其次是大邱—庆北圈 24 所，釜山—庆南圈 21 所，光州—全南圈 17 所，大田—忠南圈 11 所，全北圈 9 所，济州圈 3 所。由此而知，韩国的专门大学大部分位于首都圈，其次是庆北、釜山—庆南圈。

门大学后，增至127家（截至2008年已增至145家），在15年内增长了182.22%。这种涨幅的背后，同时体现了实业高等专门学校、专门学校所具有的局限性和对应问题的拨乱反正，以及根据经济发展计划培养人才的时代潮流。

2. 高等职业教育体制初期的三种形态

（1）初级大学时期（1948—1978年）

"初级大学"是1950年制定《教育法》后，于同年3月第一次修订学制时首次设置的高等教育机构。初级大学的目标是培养国家产业振兴所需要的技术人才或中坚社会中坚阶层的领导人。在这一时期，四年制初级大学以中学毕业生为招生对象，而两年制初级大学则以高中毕业生为招生对象，两种体制并存。初级大学新生中，大部分为四年制大学的落榜生和家庭经济困难的学生，占全部新生的90%；男女生的比例分别为36.8%和63.2%。这种结构类似于日本的短期大学。四年制综合大学的招生名额不多也是导致学生选择初级大学的原因之一。由于1963年第三次修订学制时设立实业高等专门学校，初级大学的社会功能明显减弱，面临危机，因此很多初级大学试图改为普通大学以应对挑战。

（2）实业高等专门学校时期（1964—1974年）

实业高等专门学校是为解决初级大学缺乏社会认同感，以培养中坚产业技术人才为目的，于1963年设立的高等教育机构。修订后的《教育法》第128条规定：实业高等专门学校以教授、研究产业相关专业知识和理论，提升产业技术，培养中坚产业技术人才为目的。实业高等专门学校为五年制，1963年建校时分别招收一年级和四年级新生。但招生时，一年级在全国都显示出了很高的竞争力，而四年级则处于劣势，因此要在现有的三年级晋升班中扩充新生，可以说困难重重。

高等实业专门学校之所以能够比初级大学发展更平稳，是因为随着第一次经济发展计划的推进，国家提出了"培养中坚产业技术人才"的要求。因此，高等实业专门学校有针对性地对各地区实行了不同的学生选拔制度。正如表 1-1 所示，到 1970 年改为两年制专门学校为止，其外在形态发生了一定的变化[①]，但依然面临一定的局限性与挑战。实业高等专门学校因长达五年的学制，未能解决新生及中途退学学生增加、中等教育和高等教育重叠、社会对高等职业教育认识不足等问题。

表 1-1　高等职业教育各类型学校、学科、学生数量的现状[②]

类别	学校数量				学科数量
	合计	国立	公立	私立	
实业（高等）专门学校	97	15	20	62	492
初级大学	10	—	—	10	61
大学及研究生院	72	14	1	57	1493

（3）专门学校时期（1970—1978 年）

韩国的专门学校是在 1970 年第五次修订学制后，为弥补实业高等专门学校存在的问题，吸收未能进入大学的学生而设立的。由于很难达到培养中坚产业技术人才的预期目标，因此，为了可以在功能上弥补实业高等专门学校的局限性，同时又能吸收大学考试落榜者，出现了短期高等职业学校的新形态，以吸收人文系及职业高中毕业生。

同时，进入 20 世纪 60 年代后期，随着经济发展与产业结构的飞速变化，对产业技术人才的需求急剧增加，成立短期职业教育机构更加必要和迫切。

1970 年 1 月，在保留五年制实业高等专门学校的情况下，以新设两年制专门学校为主要内容的《教育法修订案》第 2175 号颁布，专门学校诞生。随着教育制度的改革，实业高等专门学校逐渐被专门学校所替代，于 1976 年全部改组。专门学校在 1979 年更名为专门大学之前的九年里，与现有的初级大学、护士学校、实业高等专门学校一同发展，成为短期高等职业教育机构。

---

①　文教部：《文教统计年报》，1976 年。
②　韩国专门大学教育协会：《专门大学十年史》，1994 年。

《教育法》第 128 条第 6 项（1970 年 1 月 1 日颁布）中明确规定：专门学校以教授、研究社会各领域的专业知识和理论，培养国家社会各个领域所需的中坚职业人才为目的。可以说，此时专门学校的教育目的与实业高等专门学校的设立目的相似。

制定专门学校学制是政府为培养有能力的专业技术人才而做出的努力。但是，尽管国家给予了一定的政策性倾斜，并且专门学校自身也在不懈努力，但仍不足以改变大众对四年制大学的钟爱以及消除大众对职业教育的消极认知而造成的认知局限。由于对四年制大学的偏好过于强烈，实业高等专门学校的 5 年制长期教育无法获得社会认同，因此未能充分体现其设立目的与意义。

表 1-2　短期高等职业教育机构的历史性变迁过程与主要内容[①]

	初级大学	实业高等专门学校	专门学校	专门大学
设立年度	1948 年	1964 年	1976 年	1979 年
设立目的	与四年制类似	培养高级技工与中坚职业人	培养中坚职业人	培养中坚职业人，为实现职业教育的高等教育机构
背景	高等教育一元化，1948 年《教育法》实行	根据第一次经济发展计划，培养重化工人才	IDA（国际开发协会）贷款	工业产业结构高度化发展

三、专门大学的成长与发展（1979—1996 年）

1. 专门大学体制改革的背景与目的

1979 年至 1996 年，韩国的专门大学作为高等教育体制中的重要组成部分，以此为基础不断得到发展。20 世纪 80 年代，专门大学面临由于大学自主化招生政策带来的数量膨胀，而导致报考人数减少的困难。尽管如此，随着产业人力需求的增加，专门大学的数量和学生数量均达

---

① 尹静儿:《韩国专门大学的职能与分化过程》，首尔大学硕士学位论文，2004 年。

到了令人瞩目的水平。到了 20 世纪 90 年代，韩国逐渐强调终身职业教育的重要性，人们开始改变对专门大学的认识，专门大学为应对学生数减少带来的无限竞争，谋求高质量的发展，在各个方面都付出了一定的努力。与此同时，将初级大学、五年制实业高等学校、专门学校等有着相似教育目标的教育机构，改成短期高等教育机构的必要性也凸显出来。

因此，文教部科学教育局为了制定短期高等教育机构的相关具体方案，成立了"专门大学教育制度改革研究委员会"。以韩国短期高等教育制度改革研究和专门大学教育制度改革研究委员会的研究结果为基础，从 1979 年 1 月 1 日起，实业高等学校、专门学校、初级大学等短期高等教育机构统一更名为专门大学（根据 1977 年 12 月 31 日，修订法律 3054 号）。①

由此，1978 年设立的 10 所初级大学和 112 所专门学校，均于 1979 年统一改为专门大学单一体制，专门大学在 127 所学校，91 种学科，78455 名学生的基础上开始发展起来。

概言之，韩国的高等教育形成了二元体制，包括理论研究与应用方法的四年制一般高等教育机构，以及"以通过专业知识和教育培养人才为目标"的两年制短期高等职业教育机构——专门大学。换言之，专门大学作为根据国家需求设立的职业技术教育机构，逐渐确立了在高等教育中的重要位置。随着专门大学体制的一元化，入学资格改为高中毕业预备考试合格者，至此，人们对专门大学的偏见有所减弱，开始将专门大学视为与本科大学相同水平的高等教育机构。②

---

① 统一更名的背景与缘由有以下几个方面的法律依据：（1）初级大学和专门学校的性质和功能相似，有必要将其整合。（2）专门学校的性质和职能不透明，而且与学校数量的快速增长相反，其教育水平不尽如人意。（3）教育课程缺乏适应产业社会的职业教育之独立性，招收高考不及格考生，使得社会公信力下降，影响学生的学习积极性。（4）通过短期高等教育的一元化，完善入学资格，让教育内容更加充实、专业，改善实验室设施，提高社会认知度，吸引优秀学生，培养骨干职业人才，满足产业社会的人力需求。
② 《高等教育法》第 128 条明确了专门大学的设立目的，即"专门大学的目的是教授、研究社会各领域的专业知识和理论，提升技能，培养国家社会发展所需的中坚职业人才"。

2. 专门大学体制的基础建设与成长

20 世纪 70 年代，随着国家管控力度的加强，韩国设立了专门学校与实业高等学校，鼓励发展短期高等教育，以确保产业化所需的科学技术和人力资源。由于社会对高等教育的需求有所增加，因此出现了家庭教育开支的增加以及复读生增加的社会问题。为了解决这些问题，韩国在 1981 年颁布了《7·30 教育改革方案》，采取毕业定员制的措施，努力使高等教育正常化，进而为产业发展提供必要的人才。

毕业定员制是指毕业时 30%（专门大学为 15%）以上的学生被淘汰，即根据定员淘汰的方式，营造良好的学习氛围，吸收复读生，解决课外教育费用过度的问题。但是毕业定员制在执行过程中出现了一些争议和矛盾，后根据 1984 年提出的招生定员自律化而名存实亡，1988 年开始再次改为入学定员制。

韩国大众对毕业定员制的评价褒贬不一，有人认为这一制度满足了社会对大学教育的需求，但也有人认为其助长了对升学的虚假需求。此后，韩国政府于 1995 年制定了《5·31 教育改革方案》，确立全球化、信息化时代崭新的教育体制；于 1996 年 2 月 9 日发表《2·9 教育改革方案》，即"以新教育体制引领全球化、信息化时代的教育改革方案（Ⅱ）"，强调教育改革的重点在于职业教育。《2·9 教育改革方案》的核心是构建以职业技术教育为中心的终身学习、终身教育体制。即在全球化、信息化时代，通过培养高质量的人才以提高国家综合竞争力，进而为保障每个公民高质量的生活提供毕生所需的学习机会，构建职业技术教育体制。

大学数量的变化是表现专门大学成长的重要指标之一。专门大学从 1970 年的 65 所发展到 2000 年的 158 所，30 年间的增长率约为143.1%。2009 年，由于各类学校的整合，减少至 146 所。20 世纪 70 年代与 90 年代的增长趋势较为明显，而 80 年代增长缓慢。20 世纪 90 年代，"文民政府"[①]上台后，政治化、集权化的社会环境迅速向开放且自律的社会体制转变。

尽管专门大学的成长与发展有很多的积极影响，但也存在一定的弊端。例如私立大学的比例过高。1979 年专门大学刚刚起步之时，国家公立大学均匀地分布在各个地区，然而，1982 年之后，国立专门大学改为四年制开放大学，国家公立大学从 36 所减少到 10 所。此时，私立专门大学的比例则高达 90%。

另外，务实的管理运营机制是专门大学基础建设与成长的重要指标。

第一，采用多样的招生方式。专门大学根据《教育法》及其试行令，按照教育部的规定进行招生。由于招生方式关系到学生的质量，所以要考虑诸多特点，选择最恰当的方法，才能录取优秀人才。起初，韩国专门大学的招生分为一般招生与特殊招生，其中，一般招生绝大部分受到了行政制约。随着大学志愿率下降，以及因知识和技术变化导致对职业教育的要求发生变化，专门大学逐渐转变招生方式，综合考虑录取成绩的反映比率、反映方法等，制定符合自身特点的自主招生标准。

第二，为产业工人提供继续教育的机会，使其成为技术人才，由企业和专门大学签订委托教育合同，对在职人员进行委托培训。企业的委托培训分为一个企业单独委托一所大学，以及两个及以上企业共同委托一所大学不同学科的两种形式，即独立委托与联合委托。企业的委托培训在提升职工职业能力的职业教育层面，以及让错过研修机会的职工取得学位的终身教育层面，都有所助力。但与此同时，部分专门大学将其作为获取财政拨款的手段，无节制地扩大实施委托培训，因此被人诟病。

第三，采用三年制等弹性学制。专门大学的授课年限依据韩国《高等教育法》的相关规定而实行。20 世纪 70 年代末，专门大学以 2 年的授课年限培养产业需要的中坚技术人才，但随着向知识型社会的转型，为了培养专业的职业技能人才，延长授课年限的必要性日益凸显。1991

---

① 金泳三政府自称为"文民政府"。——译注

年，以保健系列为主的学科，其授课年限延长 1 年。由此，随着专门大学部分学科改为三年制，基础教育与专业实习教育可以更加高效地开展。

最后，通过对专门大学的评价，实现了职业教育的夯实化。大学评价是对大学质量水平进行系统评价，并公布其结果，以此获得社会认可的一种制度。大学评价可以提升大学的优越性，强化大学的责任感，提高大学的自律性，以及管理效率，可以说，这是提高大学整体质量的机制。

1995 年起，由韩国专门大学教育协会主管的专门大学评价，研究并全面改善了评价方法和内容，同时完善了定量评价与定性评价，在教育设施、教育财政、教育运营、教育行政及信息化、职业教育与大学发展规划等领域，按照"确定评价标准—提交各大学评价报告书—书面评价—现场考察—优秀大学评选"的顺序进行评价。韩国专门大学教育协会对专门大学的评价从 1998 年起，由机构综合评价改为学科（系列）评价。此评价方式于 2007 年终止，后改为大学自我评价。

3. 对职业教育的认识与专门大学的发展

20 世纪 90 年代以来，由于产业结构的急速变化，为了开发更多优秀的人力资源，韩国高等教育的教学目的，以及各类高等院校的运营、组织、职能、形态等诸多方面都随之发生改变。其中，韩国的职业教育担负起高等教育机构的核心职能，并且随着人力需求领域的多样化与信息化的发展，职业技术教育的范式也有所转变。

众所周知，《5·31 教育改革方案》的提出，对专门大学在 1990 年代初期以后的飞跃性发展起到了决定性的作用。同时，在"文民政府"出台教育改革方案之前，于 1992 年发表的"教育发展基本构想"也成为专门大学教育发展的重要基石。教育改革委员会为此筹划了一年，于 1995 年 5 月 31 日发布了《教育改革方案——引领全球化、信息化时代的新教育体制教育改革方案》。《5·31 教育改革方案》的主要领域和内容如表 1-3 所示。

表 1-3 韩国《5·31 教育改革方案》主要内容 ①

目标	具体措施
构建开放的教育社会与终身学习社会	引入学分银行制；允许转学与插班；引进专业学分制；加强农村教育；满足成人学习者多样化的培训需求；构建远程教育体系；设立国家多媒体教育服务中心；成立教育信息促进委员会等
大学的多样化与个性化	大学模式的多样化与个性化；为了培养全球化、信息化的专业技术人才，创办专门大学研究生院；加强大学评价与财政资助的纽带作用；大学教育的国际化等
为实现中小学教育的自律性，构建学校共同体	设立学校运营委员会；实施校长、教师聘任制等
侧重品性与创新性的教学课程	加强以实践为主的教育；将青少年社会公共服务反映在《综合生活记录簿》上；教育课程运营的多样化；教材政策的改善；确立重视个性化与多元化的教学方法；加强国际化教育与外语教育等
减轻公民负担的大学入学制度	改善大学的学生选拔制度；开设入学信息中心；引进"综合生活记录簿制"
尊重学习者多样化与个性化的中小学教育	突出中小学教育的多样化与个性化，提升教学质量，改善教育条件，使中小学均衡发展；通过行政、财政联合作用，提升教学质量；小学入学年龄弹性化；改善特殊目的的学生选拔方式等
构建教育者评价与服务体系	设立规则改善委员会、教育课程评价院
培养德才兼备的教师	优化教师培训机构的培训课程；改善教师任用制度；加强教师进修学习；完善以能力为中心的晋升体系；引入特别研究教师制；引进自律出勤制；实施校长名誉退休制
保证教育财政占 GNP 的 5%	

　　《5·31 教育改革方案》旨在构建新的教育体制，实现以需求者为中心的开放式的终身学习社会，以构建终身职业教育体系为目标。教育改革中，职业教育的重要性体现在 1996 年 2 月 9 日出台的"引领全球化、信息化时代的新教育体制教育改革方案（Ⅱ）"之中。该方案通过培养全球化、信息化时代的高素质人才，提升国家的竞争力，以保障每个公民的高质量的生活，为其提供必要的学习机会，以构建全民职业技

---

① 韩国专门大学教育协会：《专门大学十年史》，1994 年。

术教育体制为主要内容。

1997 年，由劳动部主管并设立技能大学。技能大学最初旨在培养生产现场的中坚管理者。从 1994 年起，对韩国产业人力公团旗下地域条件和设备较好的培训机构进行改组，开始培养多技能的技术人才。2006 年 3 月，24 所技能大学与 19 所职业专门学校合并为 11 所职业技术大学。

另外，教育改革委员会于 1997 年发布的第二次教育改革方案中提及了公司内部大学与技术大学，旨在从制度上支持员工接受继续教育和终身教育，不用离开企业，也可以接受培训，通过学历和学位认定其学习成果。1997 年 12 月 13 日，《高等教育法》将其正式立法，技术大学由此设立；1998 年，根据《终身教育法》，韩国开始设立公司内部大学。

如果说，专门大学将侧重点放在"从学校到职场转换的职业教育"（school to work transition），那么技术大学则注重"职场中的职业教育"（schooling at work），可以说是企业为职业教育而做出的努力。

韩国各类高等职业教育机构都有其自身的特点，很难进行简单的比较与划分。但可以肯定的是，在职业教育方面，专门大学、技术大学、产业大学、技能大学有一些相似的地方。首先，从教育目的来看，产业大学旨在培养产业人才，技术大学旨在培养技术人才，专门大学旨在培养专业匠人，技能大学旨在培养高级技能人才。

表 1-4　韩国高等教育阶段的教育机构之特点 [①]

教育机构	教学目的	教学对象	教学特点	学习年限	办学类型	授予学位
大学	陶冶情操，研究学问	高中学历以上的普通人	以做学问为中心的教育	4 年	国家公立、私立	学士学位
产业大学	培养产业人才	高中学历以上的产业劳动者	再教育、继续教育	不限	国家公立、私立	学士学位

---

① 韩国专门大学教育协会：《专门大学十年史》，1994 年。

续表

教育机构	教学目的	教学对象	教学特点	学习年限	办学类型	授予学位
技术大学	培养具备理论与实际能力兼备的技术人才	高中学历以上的产业劳动者	再教育、继续教育	2年	私立	专门学士学位、学士学位
专门大学	培养专业匠人	高中学历以上的学生或产业劳动者	一般教育、再教育	2—3年	国家公立、私立	专门学士学位
技能大学	培养高级技能人才	高中学历以上的普通人或产业劳动者	职业教育、再教育	2年	国家公立、私立	专门学士学位（跨技能技术者课程）

　　其次，一般的本科院校与产业大学、专门大学、技能大学等高等职业教育机构虽然在法规上有不同的设立目的，但在实际运营、教育目标，以及教学内容等方面并没有太大的差异。为了提高毕业生就业率，在致力于产学合作的同时，还要加强在校生的职业规划指导及定向性的教育课程。也就是说，普通大学也朝着加强在校生职业教育的方向发展，因此很难找出与高等职业教育机构的教育目的的差别，这也是专门大学招生资源减少的原因之一。

四、专门大学的改革与飞跃期的主要政策（1997 年以后）

　　跨越了千禧年的 21 世纪是"互联网＋数字"时代、"多媒体＋跨文化"时代以及知识信息化时代。

　　专门大学由此进入了需要成长与成熟的青年期。但由于学生资源骤减等内外环境的双重变化，专门大学面临着存在感和认同感危机等多种困难。科学技术的发达与职业环境的变化等外部社会环境的变化对其影响也较大。为克服专门大学的种种困境，韩国从 20 世纪 90 年代中后期开始，便持续从多方面努力改革。[①]

专家认为，在知识信息化社会，专业职能将逐渐分化，职业的种类和内容急速变化的同时，也将迅速向多样化、专业化发展。比起技术熟练工，对专家技师（technician）、技术员（technologist）、科学家（scientist），以及工程师等多技能的专业技术人才的需求将有所增加。

大学管理体系的变化也一触即发，即确立与大学实际情况相符的长期发展模式，提升大学的竞争力，朝着特性化未来指向型而努力。这意味着高等教育竞争体制将有所深化，缺乏竞争力的大学将面临被淘汰的危机。

大学数量的扩张是造成专门大学危机的重要因素之一。随着大学设立方式向"准则主义"的转换，大学数量普遍增加，而且根据定员自律化招生模式，大学自主招生人数也逐渐增多。[②]立足于准则主义制定的"大学办学规定"经历了六次改革。为了防止大学无差别设立的泛滥，韩国正在加强其标准。

由此，大学数量的增加导致了招生人数不达标。2005年专门大学的学生共计1923439人，比1996年增加了479444人。其中，占15.3%的79444人与根据准则主义设立的专门大学有很大关系，另外，在整体人数增加的134760人中，专门大学根据准则主义增加的招生人数为12258人（8所学校），占比9.1%。

1995年"5·31教育改革"以后，定员自律化政策一直有效实行至今。韩国从1996年开始采取了"总括批准制""教育条件联动制"等自律化措施，之后，"国民政府"[③]于2000年12月12日发布了"教育部门

---

① 韩国专门大学教育协会编写的《专门大学教育发展中长期发展前景》（2001年，研究报告第2001-10）中，详细阐述了以社会变化和未来展望为中心的专门大学的主要特征。

② 1995年以前，专门大学的设立依照"许可制"，而次年准许实施的"准则主义"是1995年"5·31教育改革方案"中的九个方案之一，并于次年7月26日"大学办学规定"这一总统令中被具体化。该准则主义在谋求大学多样化和特色化的前提下，摒弃之前单一的办学标准，根据学校的设立目的和特点，制定多种多样的办学标准（设施、设备、教师，以及适当的财政规模等），符合一定标准的同时，办学条件相对较为自由。

③ 金大中政府自称为"国民政府"。

自律化推进计划"，而"参与政府"①于 2004 年 12 月实施了"大学结构改革方案"和"大学自律化推进计划"。

招生自主化政策虽然有扩大大学经营自主性的积极影响，但考虑到专门大学和四年制大学的竞争体制，这一点也可以看作专门大学面临危机的原因。

与专门大学的设立意义和性质相似的高等职业教育机构泛滥，也是使专门大学陷入危机的原因之一。与专门大学相比，授课年限更优越的产业大学、财政方面更优越的技能大学、在设立条件方面更有利的技术大学、以低廉的学费更容易招生的远程大学，以及四年制大学的终身教育院等类似的高等职业教育机构，都使专门大学面临生存危机。

成立类似的高等教育机构是 1996 年"文民政府"提出的"第二次教育改革方案"的主要内容，并由此提出"新职业教育体制构建方案"作为构建继续教育体制和激活终身教育为目的的教育改革的一环。随着技术大学（1997 年依据韩国高等教育法而设立）、技能大学（1997 年依据技能大学特别法由劳动部设立）的改编扩大，以及公司内大学（1999 年根据终身教育法而设立）、远程大学及学分银行制（1999 年设立）、自学士学位制等陆续引进，专门大学作为高等教育机构的地位和性质有所削弱，由此促进了专业学士学位的普遍化发展。

随后发布的以职业教育体制改编为重点的"第二次教育改革课题"（1996 年 2 月 9 日），其要点是将职业教育重心从职业高中转移到专门大学，这可以看作专门大学发展史上的重大转折点。尤其是立足于构建新职业教育体制，将基本方向放在扩大特性化高校规模，改善专门大学和开放大学入学录取方法，加强实业高中设施现代化与财政资助，强化专门大学和开放大学的职业教育功能，强化职能大学的作用，资助新大学及新研究生院设立运营，引进专业领域硕士、博士制度，提供就业指导与相关信息，改革国家技术资格制度，设立"职业能力开发院"等。

1999 年，韩国教育部以"教育立国"为目标，制定了"教育发展

———————————

① 卢武铉政府自称为"参与政府"。

五年计划"。五年计划包含 8 项基本政策和 67 项具体目标。其中，与专门大学相关的基本政策的侧重点放在"与产业需求相关的职业教育和提高生活质量的终身学习社会"之上。

此后，"国民政府"于 2000 年成立了"新教育共同体委员会"（以下简称"新教共委"）。新教共委作为总统咨询机构，由教师、家长、市民团体及社会各阶层人士参与，持续推进以现场为中心的教育改革。2001 年 6 月制定的《专门大学综合发展方案》，其目的是通过全面结构调整，促进专门大学的个性化发展，从而将专门大学发展为"专业职业技术人才的重点教育机构"。这在 1979 年专门大学成立以来，具有前所未有的重要历史意义。也就在同年，韩国成立了"教育人力资源部政策委员会"，该委员会作为总统咨询机构，旨在培养适应知识信息化社会的人才，推进教育人力资源开发，制定相关政策等，提出了针对高等教育部门的多方面政策方案。

其代表性举措包括：通过保证教授占比等方式，加强大学教育及研究的国际竞争力；构建应对社会人力需求（IT、BT[①] 等）的灵活教育体制；为开发具有竞争力的人力资源，加强财政拨款等。有人指出，没有包含与专门大学相关的具体内容，这一点令人感到遗憾。另外，韩国于 2004 年制定了《大学结构改革方案》，这为《高等教育法》提供了法律依据。具体来说，《大学结构改革方案》引入"信息公示制"，公开大学教育条件及学校运营状况（包括大学评价结果），促进了教育条件的改善及个性化发展，并提出了确保基准值年度目标。也就是说，如果不达标，将采取减少定员、中断财政拨款等措施，加大财政制裁。推进大学特性化发展旨在根据不同大学设立的目的和人力培养目标水平，制定条件差异化（评价及财政拨款方式也差异化）且符合办学目的与自身条件发展的指标，引导高校自主推进结构改革，据此予以财政拨款。

韩国政府还研讨了通过大学合并推进结构改革的方案，不仅是国立大学的合并，私立大学也包括在其中。即大学之间、专门大学之间、大

---

① IT：信息技术的简称，Information Technology。BT：生物技术的简称，Bio-technology。——译注

学和专门大学之间合并后改为四年制大学，以及统一法人运营的四年制大学和专门大学。此外，还研究通过了《结构改革特别法》（暂称）制定的财政刺激淘汰制度，加强新设大学的条件，依据财政支出的结构改革，设立"高等教育评价院"等方案。

"参与政府"成立了"总统咨询教育革新委员会"，并发表了《面向 21 世纪知识型社会的职业教育体制改革方案》（2005 年 12 月）。该方案的详细实施计划于同年 12 月制定，该方案提出了将"工作—学习—生活"融为一体的"为所有人的职业教育"，"以职能为导向的开放的职业教育体制""从学校到工作岗位，再从工作岗位到学校顺利履行"的推进方向。遗憾的是，此次的职业教育改革方案主要针对的是职业高中。

其中，与专门大学相关的政策可以归纳为职业教育体制的改善，以及专门大学的职业教育改革。前者通过转换以需求者为中心的体制，完善终身职业教育体制，强化学校之间（职业高中—专门大学），以及教育培训机构之间的联系，促进"从工作岗位到学校"（Work to School）的发展模式。后者的主要内容为，引入"职业高中—专门大学—产学协同学科制度"，构建地方自治团体资助体制（产业技术教育集群），强化专门大学作为"社区继续教育中心"的作用，通过政府部门的参与，实现专门大学的特色化发展等。此外，还提出了专门大学勤劳奖学金制度、专门大学学生海外实习项目等。

《高等教育法》包含了很多高等教育领域的改革措施，使得整个高等教育发生了较大的变化。特别是对学士学位的全面改革、大学设立准则主义、设立独立研究生院、大学定员自由化、对外开放、新设技术大学、授予专门大学学位等内容。因此，与专门大学相关内容也有所调整，具体包括：专门大学的目的变更（第 47 条）、授课年限（第 48 条、施行令第 57 条）、专业拓展过程（第 49 条、施行令第 58 条）、教育课程的衔接（第 59 条）、学位授予（第 50 条、施行令第 60—61 条）、学生选拔方法（试行令第 40 条）、时间制登记（第 34 条、施行令第 53 条）、与国外大学共同开设培训课程（试行令第 13 条）、学校名称（试

行令第 8 条）、招生制度（第 34 条、试行令第 31—39 条）、专门大学
的学生选拔方法（第 40—42 条）等。

随着《高等教育法》的实施，专门大学发生了一系列的变化，即专
门大学教育目的的变更、专业拓展课程的设置、时间制登记、教育课程
的衔接、入学考试典型制度等制度性实践等。

1. 实行弹性学制，增设专业拓展课程

随着 21 世纪知识型社会的到来，韩国为构建新职业教育体制而探
索新的教育课程与发展模式。1996 年，永进专门大学与大川大学（现
亚洲汽车大学）被指定为"按系别招生的专业课程制"示范大学。即专
门大学开始实行订单式教育，启动了一系列的"专业课程制"教育项
目。因此，就业机会有所扩大，学习效果也有所增强。另外，还引进了
多学期制和实习学期制。

专门大学正在实施的"多学期制"的目的是实施有内涵的职业教
育，让两年的学习时间变得更加集中、高效，以便于灵活应对产业的多
种需求。实习学期制有利于接近实操现场，学生通过高效实习，可以扩
大就业机会等。为了确保实习学期制的顺利开展，首先要引进多学期
制，只有促进多学期制的发展，才能保证实习学期制的效果。但即使实
行实习学期制，也会存在实习场所不足，以及像现在这样传统的学期
制（1 年 2 学期制）中引入实习学期制，导致无法确定实习时长的问题。
另外，根据专门大学授课年限多样化的要求，教育人力资源部从 2002
年开始在 127 所大学的 474 个学科中实行三年制。三年制专业的学生人
数第一年占全体招生人数的 18.1%；2003 年，26 所大学增加了 31 个专
业，占全体招生人数的 19.4%。

专门大学三年制学科的开设，是将教育年限延长 1 年，进行专业职
业教育的一种深化学习。三年制学科主要涵盖以下几个学科，一是国内
外资格标准或职业能力向上调整的领域，具体包括建筑和建筑设备学
科；二是与四年制大学国家资格标准相同的幼儿教育、眼镜光学学科；
三是教学课程所必需的工厂自动化专业；四是人力需求较多的信息通信

相关的电算专业、计算机专业、电子专业、控制系、环境、生命工学领域、保健医疗领域、综合艺术领域等学科。

教育人力资源部曾于 2002 年暂定，培养出三年制的毕业生后，从 2003 年起，分析改革成果和制度改善情况，增设部分学科。而真实的情况是，2005 年 2 月实行三年制后，诞生了第一批毕业生，并根据产业现场的专业能力要求，制定了三年制学科自律化标准。另外，为了给学习深化专业课程的学生授予学士学位，还着手修改《高等教育法》。

该自律化标准旨在提高各大学、各学科教育课程的自主性，灵活培养产业界需要的专业人才，因此将新设三年制学科等事项委托给"大学校长"。根据该改革方案，为确保教育条件，满足专任教员确保率的大学可根据校规自主设置和运营三年制专业。

因为大学的主要任务在于教学和学习，所以科学合理地加强教学—学习这两个核心机制的服务体系是时代趋势。1993 年，仁荷大学首次设立了"教学—学习服务中心"，由此引领韩国的发展潮流。

2000 年由韩国专门大学教育协议会主编的《专门大学教学—学习服务中心设立与运营方案研究》（申鹏燮等著）中提出了设立"教学—学习服务中心"的必要性，但未能付诸实践。随着中途淘汰率增加，数字社会的到来等各种因素的综合作用，专门大学"教学—学习服务中心"设立的必要性逐渐凸显。据《专门大学教授—学习支援中心构建现状分析及活性化方案研究》（郑明和等著，2008 年）设立"教学—学习服务中心"的必要性可以概括为：①开发专业课程；②管理学生的学习质量；③构建数字学习体系等。该中心的设立目的在于，对新教学法和学习指导进行更加系统的服务，提高基础学习能力和提供有效的就业指导。

2. 开发各类国际化项目

为克服专门大学所处的现实困难，积极的方法之一就是国际化战略。对此，专门大学通过内部改革，确立符合世界水平的项目开发和评价认证制度，在获得公信力、具备国际竞争力的同时，集中力量开发多种教育课程。利用其他国家的职业教育中心大学（Non-University）来弥补韩国专门大学的弱点，单方面招收插班生，以取得学士学位。通过与海外大学的学分相互认可，不仅使学生获得双学位（Dual degree），而且还能取得共同名誉学位（Joint degree）。尽管如此，韩国专门大学推进的国际化项目依然不尽如人意。

《专门大学国际化现状研究》（尹汝松等著，2006 年）以 69 所专门大学为对象进行了关于现阶段韩国专门大学的国际化现状的问卷调查。调查结果显示，国际教育项目大致分为韩国语课程、以留学生为对象的正规专业学士学位课程、共同学位及双学位、学分绩点交流、交换生、海外实习、访问学者项目等。在 69 所调查对象中，有 22 所大学实施韩国语课程，占 31%；有 42 所大学实施外国留学生就读的正规课程，约占 62%。这意味着留学生就读的大学中约有 52%（22/42）左右正在实施韩国语教育。近年来，韩国专门大学迅速增加共同教育课程或双学位制等国际共同学制，而学分绩点交流或交换生制度则低于国际共同学制。由此可以看出，虽然海外实习时间很短，但通过政府的支持，有 42% 的大学参与其中。

专门大学国际化项目从单纯以吸引留学生为目的的国际交流项目，到海外实习生、双学位制、共同学位制、当地学期制、交换生等，项目类别逐渐向多元化发展，参与的大学数量也呈现出快速增长的趋势。另一方面，国际化项目慢慢被认为是影响大学结构调整的重要因素。韩国的专门大学把日本（60%）、中国（58%）、美国 / 加拿大（52%）、澳大利亚（40%）、欧洲（17%）选定为海外实习项目优先派遣对象国，这说明韩国专门大学的国际化项目比其他国际交流项目范围更广。另外，与自费留学项目相比，其经济负担相对较小，而且还有实习工资，所以优先考虑发达国家。参与者的满意度也比其他项目高很多。通常是在实习生的职务过于简单或有局限性，或者由于语言能力不足而无法适应职务的情况下，才会出现不满意的事例。

3. 大学特色化与结构调整

政府积极推进大学财政资助政策的法律和制度依据是《教育基本

法》《高等教育法》《私立学校法》。《教育基本法》第 7 条第 1 项定义了教育财政的责任主体，即"国家和地方自治团体为了确保教育财政稳定，必须制定并实施必要的政策"。另外，《私立学校法》第 43 条第 1 项规定，国家或地方自治团体要向学校法人或私立学校财政机构提供补助金或其他资助。

韩国政府相关主管部门为韩国高等教育机构的发展提供了经费投入。其主要目标可概括为通过提升国际化水平的大学教育质量培养人才，改善教学与研究环境，努力实现多样化和特色化发展，以终身教育的方式扩大全民教育的范围，提高大学的国际化水平，进而加强教育竞争力等。

一般来说，为实现高等教育经费投入目标，应该在拨款资金、财政分配、财政支出、财政评价等方面明确基本方向和原则。尹正日在 2004 年表示，在明确财政拨款阶段强调充足性和自救性；在分配阶段强调高效性和公正性；在支出阶段强调自律性、民主性、透明性；在评价阶段强调责任性、有效性、关联性等原则。

专门大学为在韩国高等教育中发展职业教育的中坚力量，对其进行财政拨款的主要目的是应对人口、产业、就业结构等地区及产业社会变化，促进自身结构调整，向特性化、专业化、多样化发展；与此同时，加强专门大学与地区经济、产业、文化等地区发展主体之间的联系，优化教育条件，提高职业教育质量，加强产学合作，实现就业联系等。为此，韩国多年来遵循"选择"与"集中"的原则，根据评价结果，进行差异化的财政拨款。

1997 年以后，由财政经费投入扶持的专门大学个性化发展水平虽不及四年制大学的 20%，但专门大学在开发创意性特色教育项目方面取得了一定的成果，使职业教育向高质量发展，为实现职业教育务实化、专业化、多样化做出了巨大贡献。特别是与地区产业有机联系，通过订单型、定制型等培养模式，为各类产业提供适合的岗位等，可以说有效地提高了就业率。

在"特色化项目"实施之前，专门大学的财政拨款以国立大学的数量和项目类别，以及私立大学的教师比例和注册率为依据。而自从"参与政府"上台后，此项经费投入被移交给国家均衡发展特别会计项目，促进了各地区的均衡发展，以及与特色战略合作项目的联系。由此，专门大学以地区均衡发展为主要目标，短期关注地区发展，中长期关注地区特色战略产业相关学科的人才培养。

至此，专门大学的侧重点从教学能力转变为以项目绩效为基础的教育形态，出现了比大学间的互助体制更具消耗性的个别现象。该经费投入方式将不同的大学特性设定了同等条件，虽然在一定程度上可以提高大学的水平，但教育运营的统一化及大学间过热竞争等消耗性的问题也开始凸显出来。

1997 年以后对专门大学特色化项目的经费投入所取得的业绩和成果得到了好评，被认为是符合韩国产业与各个地区期望的以产学合作为基础的职业教育，在进行现场实训教育中发挥了巨大的作用。换言之，专门大学特色化扶持项目在实现其教育目标的同时，也使得专门大学成为职业高等教育的中流砥柱，促进产业技术教育的务实化、专业化、多样化、现场化，并结合地区发展的特色战略，为区域改革做出了一定的贡献。

从 2008 年开始，韩国教育科学技术部开展"教育力量强化项目"，试行"程式化"（formula）的财政分配方式，以加强专门大学的职业教育力量、组织运营力量、成果创造力量。职业教育力量指标包括学生人均教育费和中途淘汰率；组织运营力量指标包括专职教师占比和奖学金受惠率；成果创造力量指标包括新生扩招率和就业率等。程式化财政分配方式以大学教育力量及成果指标为中心，努力构建以成果导向的财政资助系统，但由于缺乏对海外知名大学代表性的职业教育案例和相关指标设定合理性的调研，在实施过程中存在一定的困难，今后仍需要科学合理的深度研究。

4. 产学协作体制提升就业率

从 1997 年起，专门大学响应韩国政府要求提升产学合作地位的号召，更加活跃地开展产学合作活动，并逐渐形成制度框架。

初期的产学合作活动主要集中在教育相关领域，但近年来在研究开发、技术革新等方面广泛开展。产学合作参与单位可分为大学、生产单位、研究所、政府等，以互惠互利的方式朝着共同的目标开展交易合作。此前，专门大学的产学合作活动开展得十分丰富，例如，作为教育人力资源部特殊目的的财政资助项目的一环开展的大学特色化项目就是其中之一。到目前为止，由政府财政资助完成的项目包括特色化项目、优秀产业研究所资助、优秀工业专门大学资助、产学合作中心大学培养资助、专门大学海外实习、专门大学作业研究（Workstudy）项目、订单式教育项目、学校企业资助项目、创业保育中心设立及运营资助项目、专门大学地方基础据点培养项目等。

从 1999 年到 2003 年，韩国政府在各个领域对这些项目进行了一定的资助，促进大学产学合作活动的同时，也培养了实操型人才，夯实了职业教育的发展。活跃的产学合作直接关系到专门大学毕业生就业率的提高，为职业教育实质性发展做出了贡献。由于政府改变扶持方式从 2008 年开始，财政资助项目转向专门大学教育力量强化项目，因此关于产学合作，从 2004 年开始以产学合作中心大学培养项目方式进行的第一阶段（2004—2008 年）已结束，2009 年到 2013 年推进第二阶段。第一阶段的五年间，共向 22 所大学（其中专门大学有 10 所）资助了 2480 亿韩元。

五、结　论

我们结合高等教育政策和社会产业的变化，了解了从 1979 年到 1996 年韩国专门大学的成长和发展过程。随着"经济开发五年计划"的制定和对中坚技术人才需求的增加，为了寻求不断的成长和发展，专门大学认识到需要新的教育体制。

专门大学在数量增长的同时，通过学科和专业分化，培养了产业结构发展所需的许多领域的中坚职业人才，就业率也有所上升，实现了办学目标。在此期间，专门大学奠定了韩国高等职业教育机构发展的基础，实现了量的增长。

同时也有人指出，尽管专门大学以培养中坚职业人才为目的，但仍倾向于效仿四年制大学，而且实施以理论为主的教育，因此未能有效培养适应产业现场的中坚职业人才。

专门大学的最初形态是 1964 年由 9 所学校、23 个学科、953 人组成的实业高等专门学校。可以将至 1979 年的这一时期命名为"专门大学的萌芽期和形成期""调整和稳定期"。实业高等专门学校是为应对第一次经济开发五年计划中对人才的长期需求，以初中毕业生为招生对象的五年制学校。1970 年，由 26 所学校、40 个学科、5887 名定员组成的专门学校成立。专门学校以高中毕业生为招生对象，其二至三年的学制反映短期高等教育的国际趋势，并赋予职场中的高中毕业生接受高等教育的机会。专门大学虽然是堂堂正正的高等教育机构，但学生无法获得学士资格。

第二个阶段是从 1979 年体制改革开始，到 1996 年为止，可以将其命名为"专门大学的成长和发展时期"。当时专门大学有 127 所大学、91 个专业、招生定员 78455 人。当时体制改革的背景是，将现有的短期高等教育机构——初级大学和专门学校合并，合理分配高等教育人力，提高职业教育的专业性，谋求产业技术的发展。授课年限一如既往地维持了两至三年的框架，以高中毕业生为招生对象。1980 年 7 月，新军部① 通过《7·30 教育改革方案》推进了"全民教育、精神教育、科学教育、终身教育"四大原则下的各种教育改革方案。

21 世纪职业教育中的时代精髓要求专门大学实行"授课年限自主化"。所谓授课年限自主化是指将韩国高等教育的大框架分为以知识为中心和以产业人力培养为中心，并打破现有的普通大学四年、专门大学两年这一传统观念，灵活开设二、三、四年制，包括职业教育硕士、博士课程，扩大和深化职业教育的制度。该制度旨在适应作为学习主体的

---

① 新军部指的是全斗焕的第五共和国政权。——译注

学生的水平，以及时代要求的职业需求模式，适应地区产业集群，进而实现与各职能水平相适应的项目。[①]

21世纪是专门大学的飞跃期，因此不能只满足于过去30年历史中取得的成就，要实现脱胎换骨。如果说20世纪需要的是个人的力量和价值观，那么在21世纪知识融合时代，应该以创意性思维为基础，从专业性和挑战精神中寻找人才，即应努力成为全球性的创意人才，而不是以实务为中心的人才。

大学内部要通过结构调整，消除教育的低效性、不合理性，开拓成为专业化、特色化的大学，寻找自身的出路，提高教育满意度，全力提高就业率。这不是个别的选择性条件，而是必要条件。

另外，为了应对泛滥的相关各类教育机构的挑战，专门大学应不断提高教育质量，并加强高等职业教育的功能和作用，以及必要性的宣传。如果想让专门大学的内部动力成为成长引擎，就要确保学士（学位）及财政运营的透明性等，强化大学的责任感，要实质性地推进成人教育及终身职业教育项目，开发出符合全球体制的教育内容。同时，还可以将韩国的优秀教育项目应用于当地劳动者教育，将其变成企业定制内容等，使得项目本身实现品牌化。

总而言之，之所以能出现符合21世纪发展模式的关于专门大学的各种方案，可以说是专门大学走过的萌芽和形成、成长和发展等高等职业教育初期健全的实验性成果顺利运转的产物。

另外，从1997年开始到2009年为止，是第三个阶段也是最后一个阶段，相当于"专门大学的危机和飞跃期"。特别是，这一时期专门大学内部的觉醒在2005年5月专门大学改革运动中创造了生产性能量，并设计了一幅宏伟蓝图，这在专门大学30年的历史中具有重大意义。

当时的改革内容包括将研究型为主的大学以外的其他大学形态简化为产业人才培养为主的大学；将各学科授课年限自主化；完善深化专业

---

① 金虎东等:《专门大学2020总体发展规划》，2009年8月。该项目报告书中具体提出了专门大学到2020年为止的六个发展目标。另外，2007年，作为新的政府承诺事项，从协议会角度制定的《2010展望》被企划和设计。

课程中的正规学士学位课程等。总之，"教育改革总结会议"力求克服专门大学存在的弱点，为专门大学迎接新改革与新发展提供了意识与契机。无论在哪个时代，危机意识都是当代人对于现实的感受。从这个意义上说，"危机和飞跃"不是时间上的先后概念，而是专门大学的宏观结构所指向的价值概念。

事实上，虽然1995年政府实施了"5·31教育改革"，但这一政策并没有制定与专门大学相关的具体政策，而只是确定了教育领域较为笼统、宏观的政策基调。即"5·31教育改革"的核心课题是建立教育福利型国家，以"开放性教育社会""终身学习社会"为口号，制定以教育消费者为中心的多种教育方案。

这种基调在制度层面上具体化是在1997年。这一年，专门大学毕业生首次获得"专业学士学位"，11月制定《高等教育法》后，专门大学的教育目的从"培养中坚技术人才"调整为"培养专业职业技术人才"。

专门大学在制度层面的发展也带动了个别大学的发展意识。到了2006年，教师资格标准（2002年）中的专门大学薪资报酬与四年制普通大学的一致；2009年，韩国将专门大学学校领导名称从"院长（학장）"调整为"校长（총장）"。这些变化对提高专门大学的地位做出了巨大贡献。

专门大学经过30多年的发展，培养了500万人成为各个产业的主力军，创造了专门大学的历史奇迹。进入本世纪以后，专门大学应在提升知识信息化社会所要求的优质教育竞争力的同时，构筑合理、科学的就业体制，还应特别关注全球化人才的培养。除了适龄学生之外，还应满足各个地区成年人接受教育的需求，实现毕业与就业衔接的产业现场适用型教育，可以说，专门大学肩负着让学员自由往返于大学与职场的"从工作岗位到大学，从大学到工作岗位（Work to School，School to Work）"的职责与重任。

与此同时，韩国专门大学通过30多年的发展进程发现，引进符合时代发展规律和国际潮流的发达国家之职业教育制度，制定最高效的规划和战略是接下来要解决的问题与目标。最近一段时间，以韩国专门大学教育协议会为中心，以发达国家的职业教育体制为目标，韩国的专门大学试图改变其制度，并在这种基调下，向符合产业要求的职业教育内容靠拢，可以说，这是合乎时宜的举措。

此外是授课年限多样化的具体表现。韩国专门大学为应对全球化、知识基础型社会到来的环境变化，有必要关注作为"国际地域共同体"的欧洲高等教育体系中的改革计划——"博洛尼亚进程"（Bologna Process）。

在全球化时代、无限竞争时代中，欧洲的"博洛尼亚进程"为如何提高教育的"国际通用性"起到了非常好的示范作用。该教育改革计划在前所未有的实验战略过程和内容层面，对推进专门大学教育革新提供了一定的借鉴意义。

从这点来看，专门大学应制定符合国际水平，应对未来职业社会需求的，以完善"学习成果"（learning outcome）和提高"技术力量"（technical competencies）为目标的职业教育发展方案，建立完整的职业教育评价、认证、学位等一系列的职业教育体系。这也是创立世界一流专门大学（World Class College）和构建职业教育海外据点（Global Hub）的前提所在。

为了实现上述计划和战略的软着陆和良性循环，需要增加财政拨款，以加强大学竞争力强化发展举措，为职业教育培训引进雇佣保险基金，通过立法保障高等教育财政拨款等，确保教育的财政稳定、政策支持与改革，进而制定个别大学的未来发展规划。

与此同时，为了描绘更加美好的未来发展蓝图，专门大学应与职业教育相关的各种层级相互理解、协同合作。即专门大学应关注通过教育课程以及教学、学习方法的革新，提高职业教育效率；通过构建评价、认证体系，提高职业教育的社会地位；通过培养全球领导者素质，提高教育产业竞争力。产业企业应通过产学合作向社会提供优秀人才来确保产业竞争力。国家应通过培养优秀产业人才，从国家层面提出对人力资源开发和管理的规划。

（2011 年 12 月）

资料　《韩国专门大学教育三十年史》出版时相关报道资料

资料来源	韩国专门大学教育协会
	http://www.kcce.or.kr

■ 主办方：韩国专门大学教育协会《韩国专门大学教育三十年史》编纂委员会

负责人：韩康熙（《韩国专门大学教育三十年史》执笔编辑委员长）

题目：韩国专门大学教育协会出版《韩国专门大学教育三十年史》

□ 韩国专门大学教育协会正式出版《韩国专门大学教育三十年史》（下面简称"三十年史"，多乐坊出版社）。"三十年史"排版主要依据韩国国家新版要求（A4，220 mm×290 mm），2—4 度印刷，共 660 页。书本采用最新设计风格，外观精美。封面为精装硬皮，内部采用 100 g 白卡纸印刷、锁线订装、套壳。

＊第一版印刷：2009 年 12 月 15 日

＊第一版发行：2009 年 1 月 15 日

□ "三十年史"主要包括"第一部：教育史"、"第二部：教育内容"、"第三部：未来展望"、附录等。第一部教育史，主要依据法律及政策的制定将专门大学教育史划分为不同的阶段。第二部教育内容，主要收录了大学学位运营的 10 个部门，而且画册中还特别收录了来自个别专门大学的特色照片及校史。附录中，则收录了在韩国专门大学教育中发挥核心与桥梁作用的韩国专门大学教育协会。

□ 需要特别说明的是，本书采用了期刊的叙事方式而非论文形式，将视觉概念最大化，因此内容通俗易懂，对于非专业读者来说也非常友好。具体来讲，本书运用新闻体裁的叙事方式阐述了专门大学的发展历史，同时配有 300 多张图表与 1000 余张各个专门大学的照片，比以往同类型的书籍更具特色。

■ 附：

1.《三十年史》编纂委员会名单及主要负责人讲话

2.《三十年史》主要目录

3.《三十年史》总论内容

4.《三十年史》封面（另附）

1.《韩国专门大学教育三十年史》编纂委员会名单及主要负责人讲话

韩国专门大学教育协会（会长金正吉，培花女子专门大学校长）的前身为1979年成立的全国私立专门大学校长联合会，1988年获批以社团法人身份成立韩国专门大学教育协会，1995年依据"韩国专门大学教育协会法"获得特别法人资格。目前已有146所专门大学加入会员。

◎《韩国专门大学教育三十年史》编纂委员会名单

▲编纂委员长：金正吉（韩国专门大学教育协会会长，培花女子大学校长）

▲执笔编辑委员长：韩康熙（韩国专门大学教育协会企划宣传专门委员，全南道立大学教授）

▲执笔编辑委员：边浩杰（安阳科学大学教授），刘大根（青江文化产业大学教授），李吉顺（新旧大学教授），李光勇（水原女子大学教授），李教宗（永进专门大学教授）

▲咨询研究委员长：梁汉柱（韩国专门大学教育研究学会会长，东洋工业专门大学教授）

▲咨询审查委员：车甲富（明知专门大学教授），尹汝松（仁德大学教授），崔勇燮（光州保健大学教授），吴秉镇（韩国专门大学教育协会评估研修部部长）

▲行政委员长：李胜根（韩国专门大学教育协会企划调整室室长）

◎《韩国专门大学教育三十年史》主要相关人士的讲话

▲节选自发刊词：金正吉（韩国专门大学教育协会会长）/经历三十年风雨酿造职业教育的果实——专门大学

《韩国专门大学教育三十年史》记载了专门大学作为韩国高等职业教育主体的发展历程。这本书如实地反映了专门大学的繁荣和所经受的考验，同时也反映了专门大学经过"创业"阶段和整体性的"守护"时期，以及正在进入梦想着新飞跃的"更迭"阶段。（中略）现在到了专门大学必须确保知识信息化社会所要求的提升教育质量竞争力的时候了。为此，作为具体的实践方案，课程年限多样化的方案必须切实实施，并构建合理的、有科学水平的就业体制，致力于培养全球性人才。为了使这些悬而未决的问题实现软着陆、良性循环，迫切需要增加国家财政支持，引进雇佣保险基金，新设拨款等制度上的支持力度。

▲节选自祝辞：安秉万（科学技术部长官）/希望成为不同层次学习者共享的开放空间

我认为，迎接"人生第二幕时代"，专门大学需要展望未来，探索出成为终身职业教育机构的愿景规划。因此，除了高中毕业生以外，还需要通过成人教育，扩大需求者，并且与学位课程并行，以及寻求短期职业培训等多种方案。

完善以在职者为对象的继续教育项目，应该让职场和大学变成可以自由往来的学习的场所。确保特殊化品牌具有竞争力。

节选自刊物后记（执笔委员、咨询委员）

韩国专门大学的30年历程，总而言之是段艰难困苦的时光。但是因为有不屈的精神，所以才有了今天的我们。我相信这样的历史力量会成为我们前进的希望之灯塔。[边浩杰（安阳科学大学教授）]

在30年的历史中，培养了500万产业主力军的专门大学是引领韩国近现代产业化的主角。无论如何，缔造《韩国专门大学教育三十年史》的主角还是我们专门大学的所有成员。[李胜根（韩国

专门大学教育协会企划调整室长）]

"荒凉狭窄的石径，漫长的隧道/跌倒后/爬起来奔跑的三十个春秋/汇集了分散的智慧，展现出了帅气的模样/高耸屹立着的大树给予成长的养分/即使狂风暴雨，也要永远成为傲然屹立的青松！"[车甲富（明知专门大学教授）]

就像"毕业"意味着"新的开始"一样，《韩国专门大学教育三十年史》的出版并不是专门大学的结束，而是记录了进入"新时代"的激动心情。[韩康熙，《三十年史》执笔编辑委员长，全南道立大学教授]

2.《韩国专门大学教育三十年史》目录

总论：确保职业教育广度和深度的专门大学30年

第一篇：专门大学历史30年

第一章　专门大学的萌芽和形成（1948—1978年）

第二章　专门大学的成长和发展（1979—1996年）

第三章　专门大学的革新与飞跃（1997年以来）

第二篇：专门大学教育30年

第一章　教育理念与目的

第二章　教务与教育课程

第三章　招生政策及入学的择优录取

第四章　教师

第五章　学生

第六章　教育财政

第七章　产学合作

第八章　终身教育

第九章　评价和财政支持项目

第十章　行政及设施支持

第三篇：专门大学的未来

第一章　教育环境的变化和专门大学的现状

3.《韩国专门大学教育三十年历史》总论内容——确保韩国职业教育的广度和深度的专门大学三十年

从近代大学学制开始，到21世纪教育市场开放，以及无限竞争体制的今天，韩国专门大学作为高等职业教育机构一直发挥着中流砥柱的作用。特别是民族解放后，依靠韩国飞速的经济增长，取得了令人瞩目的发展。在多媒体、跨文化时代，专门大学紧跟知识信息化社会的内外教育环境变化（paradigm shift），努力培养专业的职业技能人才，为满足劳动力市场和产业发展的弹性需求，开展多种多样的职业教育，尽到应尽的责任。

从专门大学成立的不同时期来看，可以详细了解到专门大学教育史的过程。专门大学起源于最早设立的培花女子大学、崇义女子大学等六所大学，成立于20世纪70年代和90年代的最多。改革为专门大学的在20世纪70年代有48所学校，1995年作为"5·31教育改革"的后续措施，修订《高等教育法》的20世纪90年代，受到大学设立准则主义的影响，设立了50所学校。"大学设立准则主义"是指简化大学设立的条件，只要确保满足教学宗旨、教师、教员、收益和基本财产的标准，便可在原则上给予认可的政策。

韩国专门大学包括2所国立学校、8所公立学校、136所私立学校，共146所大学，其中私立学校占据了绝对数量。2所国立学校分别是韩国铁道大学和韩国康复福利大学，都位于京畿道。公立大学是随着地方自治制度的落实，除了1969年成立的仁川专门大学外，其余8所学校都是20世纪90年代末开办的。如果想根据时间发展趋势来划分专门大学进行职业教育的过程，可以分为萌芽和形成、调整和落实、成长和发展、革新和飞跃等阶段。

（1）专门大学体制革新以 1979 年为分水岭，分为三个阶段

从专门大学实施和发展职业教育的过程来看，即使是说"职业教育数量的扩大和质量的深化过程"也没有问题。"数量的扩大和质量的深化"，从狭义上看，是指自 1979 年以前的"专门大学形态"被统一命名为"专门大学"后，内部迅速取得发展的现象。1979 年 3 月，将初级大学改为普通大学或专门大学，将实业高等专门学校、专门学校改为专门大学，废除各种五年制大学等，在教育史上具有深刻的重要意义。

《韩国专门大学教育三十年史》将 1979 年作为"专门大学"的名称使用及体制改编的起点，以及专门大学历史的分水岭，大致可划分为三个时期。

第一阶段是 1979 年以前，可以说是"专门大学的萌芽和形成期"，或者"调整和落实期"。专门大学最初的形态是以 1964 年的 9 所学校、23 个学科、953 人为基础的实业高等专门学校。实业高等专门学校是为了应对第一个经济开发五年计划对人才的长期需求，以初中毕业生为对象的五年制形态。用现在的话说就是"3+2"体制。

1970 年，专门学校在 26 所学校、40 个学科、5887 人的学额基础上成立。专门学校是以高中毕业生为对象的两至三年制学制，旨在适应短期高等教育的国际趋势，并赋予职业高中毕业生升入高等教育的机会。专门学校虽然也是堂堂正正的高等教育机构，但到此为止，没有授予学士学位的资格。

第二个阶段是从 1979 年体制改革到 1996 年，被称为专门大学的"成长和发展期"。这时，专门大学扩大到了 127 所大学，91 个学科，招生人数为 78455 人。在体制改革的背景下，将现有的短期高等教育机构初级大学和专门学校一体化，合理分配高等教育人力资源，提高职业教育的专业性，谋求产业技术的发展。授课年限和以前一样为两至三年，以高中毕业生为对象。特别是 1980 年 7 月，新军部通过了《7·30 教育改革方案》，在"全民教育、精神教育、

科学教育、终身教育"这四大原则下推进各种教育改革方案。

第三个阶段是从1997年以后到2009年，相当于"专门大学的革新和飞跃期"。特别是这个时期专门大学内部的觉醒，2005年5月专门大学为创新发展注入了新的活力，策划"宏伟蓝图"，这是专门大学30年历史上的具有重大意义的事件。

这时提倡的创新内容是除了研究型大学以外，其他大学将简化为产业人力培养教育型大学，各学科的授课年限自主化，例如，准备深化专业课程的正规学士学位课程等。总之，教育改革决议大会从正面解决了专门大学所面临的弱点，成为巩固革新成果和发展意志的契机。同时，危机意识是不管在哪个时代都能感觉到的。从这个意义上说，"危机和飞跃"不是时间先后的概念，而是专门大学这一宏观结构指向的"顺序性价值"概念。

事实上，虽然韩国政府在1995年曾进行过"5·31教育改革"，但这是教育界对广大民众的政策性指导，并没有制定与专门大学相关的具体政策和蓝图。即"5·31教育改革"是以建立教育福利国家为核心课题，以建设开放的教育社会、终身学习的社会为口号，将重点放在了以教育消费者为中心的多种教育模式上。这种政策基调从制度层面到具体落实的时间是1997年。同年专门大学毕业生首次被授予"专科学士学位"，11月随着《高等教育法》的制定，专门大学的教育目的从"培养中坚技术人才"上调至"培养专业职业人才"。

（2）目前，专门大学的规模为146所大学，1380门课程，招生人数为233730名

截至2009年，专门大学规模为146所大学，设立1380门课程，招生人数为233730名。专门大学在全体韩国高等教育机构（347所大学）中，与四年制大学（201所大学，占57.9%）相比，占比42.1%，占据着很高的比例。四年制大学的招生人数为406450人（占63.4%），专门大学的招生规模为233730人（占36.5%）。

专门大学从20世纪90年代后半期开始面临危机，即出生率下

降和学龄人口减少导致的入学资源短缺的现象。

随着入学人口的减少，高等教育的数量膨胀，以及大学无限竞争、远程大学、学分银行制、国外大学的进入等方面，可以看出专门大学的危机因素。除此之外，以知识为基础的社会和终身学习社会的到来，产业结构及劳动力市场的急剧变化等的外部因素，也可以看出危机因素。专门大学在这种危机情况下，要调整"百货店式"学科结构，追求差别化的竞争力。因此，政府也从政策上倡导大学的个性化发展，探索多样的发展模式，以克服危机。这些努力表现为通过具体的政策制定和制度实施。1996 年开始实施"专业学士学位授予制度"，1998 年开始实行自主化校名，2002 年扩大了三年制学科，2007 年开始引进专业深化课程，培养学士学位毕业生。

另外，专门大学本身也进行了自身的内部革新。很多专门大学针对就业需求，不仅实行多学期制、学分银行制、产业体委托教育、订单式教育、协议学科及特约学科、海外实习制、实习学期制、国内外大学学分交流制，还实施与民、官、产、研联系的现场指向型教育等，通过多种教育渠道，实行特性化—专业化。

（3）和普通大学的教师资格标准及报酬规定等同化，校长名称升级

专门大学的制度性改革使得个别大学的发展结出了丰硕的果实。2002 年将教师资格标准，2006 年将薪资规定与四年制普通大学等同化，2009 年，机构领导名称从院长调整并提升为校长。这些成果被认为对提高专门大学的地位具有重大贡献。

设立专门大学的本质意义是在于培养产业一线需求的专业人才。四年制大学与专门大学就业率之比为 65%∶83.5%（2005年），67.1%∶84.2%（2006 年），68%∶85.2%（2007 年），68.9%∶85.6%（2008 年）。这意味着专门大学的就业率比四年制大学高得多。特别是在经济不景气的形势下，专门大学被认为是实力较强的大学，甚至出现了四年制大学毕业生回到就业前景较好的

专业重新入学的"回炉"(U-turn)现象。2008 年再入学者为 4595 人，比 2001 年的 2668 人增加了 0.7 倍。

专门大学经过 30 多年来的努力，培养了 500 万人的产业主力军，被誉为专门大学的一大壮举。进入 21 世纪之后，专门大学在确保知识信息化社会要求的优质教育竞争力的同时，应该构筑合理、科学的就业体制，对培养全球性人才给予特别的关注。在接受适龄学生和当地成人的教育需求的同时，推行毕业就可以直接工作、与产业紧密相连的现场适应型教育，肩负着"从工作岗位到大学，再从大学到工作岗位"(Work to School to Work)的实际责任。

经过三十多年的发展，现如今，专门大学面临的问题是引进符合时代潮流以及国际发展趋势的先进国家的职业教育，制定效率最大化的战略计划。近年来，以韩国专门大学教育协会为中心，以发达国家职业教育体制为导向，尝试着制度性的蜕变，在这样的政策基调下，力争战略性地实施符合产业要求的职业教育内容，这才是合乎时宜的。

（4）专门大学最大的问题是职业教育授课年限的自主化

在 21 世纪，时代发展所要求的职业教育的核心课题是"授课年限的自主化"。所谓"授课年限自主化"是指将韩国高等教育的大框架分为以学科为中心的轨道和以产业人力培养为中心的轨道，将现有的普通四年制大学、专科两年制大学的这一传统的二分法取消，实行二、三、四年制。甚至开设职业教育硕士、博士课程，扩大和深化职业教育范畴的制度。该制度的宗旨是根据学习主体，即学生的水平和时代要求的职业需求模式，适应地区产业集群，落实与各职能水平相对应的项目。

特别是，除了专门大学的成员之外，职业教育的专家也对此持相同的意见。授课年限的自主调整实施在欧洲（芬兰、英国、法国、意大利）、北美（美国、加拿大）、大洋洲（澳大利亚、新西兰）等职业教育发达国家被认为是普遍的趋势。这些大学的职业教育不仅局限于培养技术人才，还通过联系理论深化教育课程的所谓

"大学学院"（University & College）形态，使教育效率倍增。

专门大学正处于准备新飞跃的重要时期。不能只满足于三十年历史所取得的成绩，而是要脱胎换骨。如果说从个体力量和价值中找到了 20 世纪产业社会所要求的人才形象，那么在 21 世纪知识融合时代，就应该从以创意性思维为基础的专业性和挑战精神中寻找。也就是说，我们需要的不是实操型人才，而是要面向全球的创新型人才。大学内部要通过结构调整来消除教育的非效率性、不合理性，开拓大学专业化、特性化的出路，提高教育满意度等，尽全力提高实际就业率。这不是个别选择性条件，而是必要条件。

另一方面，为了应对内外混淆的类似教育机构的挑战，需要不断提高教育质量，并加强高等职业教育的功能、作用和必要性的宣传。要想专门大学的内部动力成为经济的增长动力，必须确保教务管理及财政运营的透明性，强化大学的责任性，切实推行成人学习及终身职业教育项目，并且推出符合全球化时代的教育项目。也可以考虑将韩国的优秀教育项目应用到当地劳动者教育上，还可以考虑将产业本身品牌化的方案，转换为有利于企业发展的内容等。

（5）要以强化力量和成果为目标，实现"评价、认证、学位"三位一体

为了应对全球化、以知识为基础社会的到来这一环境变化，韩国作为"国际地区共同体"，也有必要关注欧洲高等教育体制综合事例"博洛尼亚进程"（Bologna Process）。这一进程不仅体现了欧洲大学授予学位的形式上的标准，还把重点放在了学位所代表的成就与结果。其核心在于制定了大学资质的标准，不只为个别国家所用，保障整个欧洲层面的程序性的标准。总而言之，这可以看作是构建欧洲职业教育公认的评价、认证体系的重要一环。

欧洲的"博洛尼亚进程"展示了在全球化、无限竞争时代教育的提高"国际通用性"需要做出何种努力。该进程可以从前所未有的实验层面、战略过程和内容等方面为推进专门大学教育革新提供有意义的启示。从这一点来看，构建符合国际水平、应对未

来职业社会需求的"学习成果"（learning outcome）和"技术能力"（technical competencies）的职业教育解决方案，并建立职业教育评价、认证、学位等一系列深化的职业教育体制。这是创立世界一流专门大学（World Class College）和构建职业教育海外据点（Global Hub）的前提。

特别是，为了这些规划和战略的良性循环，要增加对大学竞争力强化项目的财政拨款，为职业教育培训提供就业保险，利用资金流入、高等教育财政补助法立法化等确保教育资金的稳定性，同时还要进行政策性支持与改革，制定对个别大学的发展规划。

同时，为了专门大学更好的发展，需要加强与职业教育各层级的合作。专门大学应通过对课程与教学方法的创新，提高职业教育的效率；通过建立评价、认证体系提高社会地位；通过培养全球领导者提高教育产业竞争力；企业要通过产学合作和吸引优秀人才来确保产业竞争力；国家要通过培养优秀产业人才，提升国家层面的人力资源开发及管理的综合实力。

采访 《韩国专门大学教育三十年史》编辑委员长

对谈人：

韩康熙，《韩国专门大学教育三十年史》执笔编辑委员长、全南道立大学教授

金基中，韩国大学新闻记者

1.《韩国专门大学教育三十年史》是一本怎么样的书？

用一句话来说，这本书清晰梳理了作为韩国高等教育机构的专门大学30多年来的职业教育。该书所包含的教育史和教育内容，完全符合韩国近现代产业的成长史。特别是，这本书与现有的大学史、企业史不同，它摒弃了论文式写法，用简单简洁的文体记载了丰富的图片资料和专门大学的发展细节，对一般的读者来说更有趣

味性。与此同时，详细地阐明了专门大学的萌芽和形成、成长和发展、革新和飞跃。

2. 据我所知，《韩国专门大学教育二十年史》没有出版，这次出版有怎样的意义？

大学史通常以十年为单位进行汇总。但是经历了各种各样的困难后，二十年史、二十五年史均未能出现。这本书把专门大学的历史分为了三个时期。从 1979 年以前的专门大学的形态，1979 年以专门大学的名称开始命名，到 1996 年实施《高等教育法》，再到 1997 年以后进行划分。换句话说，可以理解为在三十年的大格局下，通过"开端—过程—近况"的方式，对过去进行总结，对未来进行展望。这次出版的意义在于，不是结束三十年这一代，而是给人们带来了"新的开始"，有着脱胎换骨的含义和令人心潮澎湃的感受。

3. 在收集资料的过程中，是否有很多困难？

这本书主要由原稿，图表、画报、新闻，正文，照片及附录等四大类资料组成。从原稿和图表的情况来看，使用了来自教科部、职能院、研发机关等很多机构的史料，如果不是协会全体人员的帮助，汇总这些新闻及附录是根本不敢想的。因为初稿由多位作者历时十多年才完成，所以维持一贯的论调也是很难的事情。这本书的难能可贵之处在于登载了通过访问个别大学得到的一千多张的照片。如果没有在盛夏里挥汗如雨，很难呈现出视觉效果如此好的"三十年史"这一"巨大成就"。

4. 你希望《韩国专门大学教育三十年史》这本书对专门大学有什么样的帮助？

就像极其普通的陈述一样，"历史就是观察昨天，反省今天，设计未来发展蓝图的事情"。如果把专门大学三十年历史中所经历的详细的教学运营当作反思素材，来探索未来的话，那么不仅能够生存下来，而且在竞争力上也会占据优势。但是，专门大学的相关人士在设计职业教育未来方面，应该像迄今为止专门大学走过的道路一样"宽广而深刻"。我认为，作为教育工作者，比起给学生陈列展示什么，更应该了解要通过什么样的教育来接近学生。同时还需要我们果断地走向外面的世界，勇敢接受挑战。就像100年前发达国家带着新学问进入我国，开辟了新教育的天地一样。

5. 在收集资料的过程中，您应该对专门大学有很多思考和独到的见解。您个人认为专门大学今后的出路是什么？（和四年制大学相比较而言）

从目前的立场来看，专门大学要走的路至少可以跟随职业教育发达的国家走。最好是观察欧洲、大洋洲、北美等地区的职业院校在做什么，学习其优点，对失败的经验根据具体理由进行完善。例如，将授课年限完全交给大学的方式是世界性的趋势。为了适应地区产业需求、学生水平、适应产业企业的要求，一定要为专门大学自主确定授课年限铺平道路。在远程大学、学分银行制、外国大学进军韩国的情况下，再加上四年制大学开设技术专业课程，为什么只有专门大学犯了"普罗克鲁斯特斯之错误"[①]？专门大学应该自行制定与以理论为中心的不同轨道的职业认证评价体制。特别是教科部等制定标准的部门，需要关注的部分是由国家主导的职业教育暂时性衰落过大。即使国立四年制大学法人化，以职业教育为中心的专门大学也应该培养成地方政府和国家全力支援、以地区为据点的国立、公立大学。并且最终应该制定出一个大项目。也就是说，应该与劳动部下属的韩国科技大学进行联动等结构调整。

---

① 普罗克鲁斯特斯（Procrustes）是古希腊神话中的一个强盗，利用铁床杀死过往的旅客。他要求客人的身材要符合床的大小，如果客人的腿或脚搭在床沿上，他就将其砍掉；如果客人太矮，他就将客人拉长，直至将其折磨死。——译注

6. 帮助编纂书籍的人是哪些人？

这本书完完全全是全国 145 所专门大学成员的血汗成果。从编纂委员会的角度来看，协会企划调整室的适时企划能力减少了执笔委员的辛劳。

此外，其他咨询委员都抱着理所应当的态度，对原稿的审核工作进行了细致的安排。编纂委员们从琐碎繁杂的事务到完成高度精练的文稿，特别是能够在短时间内提高完成度，我认为得益于委员们夜以继日地在教育文化会馆进行了一周的读稿会。作为执笔编辑委员长，我幸运地遇到了用心做事的执笔委员和咨询委员。再次深表谢意。

（2010 年 1 月）

第二章　21世纪教育环境变革背景下的高等职业院校发展方案

一、绪论　高等职业教育三十年与教育环境的变革

从确立近代大学学制到21世纪开放教育市场并形成无限竞争模式，作为高等职业教育机构的韩国专门大学，始终扮演着尤为重要的角色。特别是民族解放后，随着韩国经济的飞速增长，韩国专门大学的发展也取得了令人瞩目的成就。近几年，韩国专门大学切合多媒体、多元文化以及知识信息化的教育范式转换（paradigm shift），切实发挥其作为职业技术人才培养基地的作用。也就是说，为了满足产业发展对市场劳动力的弹性需求，韩国专门大学推行了各种类型的职业教育。

如果对韩国专门大学的各个发展时期进行一番考察，就能对韩国专门大学教育史有详细的了解。包括韩国培花女子大学、韩国崇义女子大学在内的六所专门大学，是韩国最早一批专门大学，其余大学则多建于20世纪70年代和90年代。其中，改革为专门学校的20世纪70年代，韩国设立了48所专门大学；而进入20世纪90年代，依托1995年"5·13教育改革"修订《高等教育法》，并在"大学设立准则主义"影响下，韩国又陆续设立了50多所专门大学。

韩国现有146所专门大学，包括2所国立大学、8所公立大学、136所私立大学，私立大学在数量上占绝对优势。其中，2所国立大学分别是韩国铁道大学和韩国康复福利大学，均位于京畿道一带；而8所公立大学中，除1969年依托地方自治制度设立的韩国仁川专门大学外，

其余学校均建于 20 世纪 90 年代后期。

如果按照时间的推移来划分韩国专门大学的职业教育发展过程，则可以分为萌芽与形成、调整与落实、成长与发展、改革与飞跃等阶段。说韩国专门大学不断充实其职业教育内涵，并逐步成长的过程是"职业教育量的扩大与质的深化"也不无道理。从狭义上讲，"量的扩大与质的深化"是指 1979 年以后，随着旧的"专门大学形式"整合为"专门大学"，其内涵得到迅速发展。1979 年 3 月，韩国采取了将初级大学改编为普通大学或专门大学，将职业高等专门学校和专门学校改编为专门大学，废除各类五年制大学等一系列措施，因而在韩国教育史上具有重要意义。[①]

1979 年以前为第一阶段，可以称之为专门大学的"萌芽与形成期"或"调整与落实期"。韩国专门大学的雏形是 1964 年设立的九所实业高等专门学校，涉及 23 个专业、953 名在校生。实业高等专门学校的办学目标是满足韩国经济发展第一个五年计划的长期人才需求，学制为五年，主要招收初中毕业生。按照现在的说法，也就是"3+2"形式。

1970 年，韩国设立了 26 所专门学校，涉及 40 个专业、5887 名在校生。专门学校学制为两至三年，主要招收高中毕业生，以展现短期高等教育的国际趋势，以为高中毕业人员提供高等教育机会为目标。这一时期，专门大学虽为正规高等教育机构，但却不具备授予学士学位的资格。

从 1979 年体制改革到 1996 年为第二阶段，可以称为韩国专门大学的"成长与发展期"。当时韩国共有 127 所专门大学，共计 91 个专业、78455 名在校生。当时的体制改革，是将已有的短期高等教育机构，即初级大学与专门学校整合，以便于合理分配高等教育人力资源，提高职业教育的专业性，谋求职业技术的发展。学制仍维持两至三年制，招生对象为高中毕业生。特别是 1980 年 7 月，新军部通过《7·30 教育改革方案》，推进了以"全民教育、精神教育、科学教育、终身教育"四大原则下的多种教育改革方案。

①《韩国专门大学教育三十年史》将开始采用"专门大学"概念进行相应体制改革的 1979 年，作为分水岭，并以此为起点将专门大学发展历史大致划分为三个阶段。

　　1997年至2009年为第三阶段，可以说是韩国专门大学的"改革与飞跃期"。这一时期，特别是专门大学的内部觉醒，直接影响了2005年5月专门大学改革运动的兴起。这场运动不仅为推动改革注入了源源不断的活力，还提出了发展"大蓝图"，这在韩国专门大学30年发展历史中具有重大意义。

　　这一时期提出的改革内容主要包括：将研究中心大学以外的其他大学整合为以产业人才培养教育为主的大学，根据具体专业自主制定学习年限，设立强化专业性的正规学士学位课程等。总之，教育改革决策大会直击专门大学教育的薄弱环节，为专门大学的改革与发展提供了新的契机。无论在什么年代，所谓危机意识，都源于当代人对当下的思考。从这个意义上讲，"危机与飞跃"并非是时间上的先后概念，而是专门大学这一宏观结构所指向的、历时的价值概念。

　　虽然韩国政府在1995年颁布了《5·31教育改革方案》，但事实上，这项改革仅仅宣传了韩国教育领域较为笼统的政策基调，并没有提出与专门大学相关的具体政策或发展规划。《5·31教育改革方案》以建立教育福利国家为核心课题，以建设"教育开放社会、终身学习社会"为口号，其目标是制定以教育消费者为轴心的多种教育方案。而1997年，这种基调已经具体上升到了制度层面。同年，韩国首次向专门大学毕业生授予了"专业学士学位"；11月颁布《高等教育法》后，韩国专门大学的教育目标，从"培养中坚技术人才"提升为"培养专业职业技术人才"。

　　专门大学作为高等职业教育机构，需要关注21世纪大学将面临无限竞争及市场开放的局势变化。美国未来学家丹尼尔·贝尔就提到，本世纪最大的特征便是迈入"知识型社会"（knowledge-based society）。①

---

　　①　知识型社会，不仅要求人们具备理解、加工及应用知识的能力，更需要具备创造新知识的和解决高级问题的能力。在这个社会，知识的生产和应用能力不仅是生产价值的决定因素，更是在国际竞争中占据相对优势的重要条件。特别是在21世纪，大多数职业将由"应用大脑"的知识型劳动者承担，这便要求社会将重点放在提高创造性知识生产力的教育改革上。据悉，在OECD主要国家，知识密集型产业占国家总GDP的50%以上，且过去10多年间，运用尖端技术的生产也增长了2倍多，约占OECD国家生产总量的30%。因此，专门大学为了自身的生存与发展，应持续提升各方面的能力。

在知识型社会中，大学应该将区别于过去以高质量的受教育者（educated person）作为其价值取向与发展中心。但问题是，随着信息化产业的飞速发展，网络教育体制逐步深化，大学传统知识的权威受到了威胁。另一方面，在国际化潮流下，韩国进入了加速国际竞争的开放模式。而随着终身学习社会的到来，教学—学习体制中的学习者类型也不断扩大。

因此，高等教育制度也呈现出从限制和控制转变为以内涵为中心的、逐步脱离制度的自主化倾向，且相较于学位更加注重获得资格证书。另外，从教学（teaching）为中心到学习（learning）为中心，以及无专业制、无学年制、无必修专业制等也逐渐成为趋势。

但问题在于作为教育竞争前提的学龄人口。教育市场的供求平衡被打破，正从供给主导转变为需求主导。[1] 特别是政府的大学政策也着眼于自由市场竞争的现实，展现出要在国际化、开放化背景下，建设具有国际竞争力大学的远大抱负。大学固有的研究、服务、教育职能，在知识信息化与国际化背景下，变成了以所有年龄层和多个领域为对象的终身教育的"教育消费者"概念。

因此，专门大学就需要探索顺应未来社会变化、符合自身特点的发展规划。也就是说，为了培养符合知识型社会的专业知识劳动者，就必须跟进专门大学的体制改革。例如，确定其性质，重塑其功能，并对多种学制形态、岗位（现场）适应能力、行政和财政体制进行改善等。

大学的核心竞争力最终取决于教育，因此，具有竞争力的高质量教育才是关键。随着大学之间的竞争日趋激烈，引进特色化入学战略、毕业认证制度、就业指导教学制等项目，扩大网络远程授课，调配教育设施及硬件设备等一系列措施是非常必要的。此外，急剧变化的职业趋势也不容忽视。随着职业环境的巨大变化，新的模式正逐渐取代现有的模

---

[1]　自2003年开始，韩国报考大学的新生人数持续减少，其中2006年最低，仅有623617名，且预计到2009年为止，将继续维持在65万名以下。虽然从2010年到2014年期间呈现上升趋势，报名人数约达71万名，但问题是，从2015年开始，将再次下降到60万名左右，且预计未来15年内，报考人数将急剧减少。

式。一旦入职，直到退休都不换工作的"终身工作"概念已经瓦解，取而代之的是"终身职业"概念。

与此同时，特指知识、文化、商业领域精英的"知识劳动者"概念得到了实质性体现，并逐步成为引领时代发展的主要角色。随着居家办公越来越普遍，出现了由"职业"（job）与"游牧民"（nomad）组成的新合成词"职场游牧人"（job nomad）。进入 21 世纪以来，职业生活已经跨越了公司、行业甚至是国境，呈现出更为自由的形态。①

二、职业教育先进国家的教育改革历程

为了激活美国经济，美国总统巴拉克·奥巴马（Barack Hussein Obama）举手支持了社区大学（Community College），而非四年制普通大学。2009 年 7 月，在密歇根州马科姆（Macomb）社区大学的一次演讲中，奥巴马提及了他的抱负，声称到 2020 年为止，为了培养绿色能源领域所需的产业型人才，将向社区大学投入 120 亿美元（约合 15 万亿韩元）。这也意味着他将"美国大学毕业生就业优先权"（American Graduation Initiative）赋予了以职业教育为中心的专门大学，而非有"百货商店式"的专业、以知识为中心的四年制普通大学。②

奥巴马的这一想法，可以说是及时解读了英国、法国、德国、芬兰、澳大利亚、新西兰、加拿大等职业教育发达国家，着重发展技术人才培养教育、成人职业教育、终身职业教育的事例，为美国职业教育带来了"新鲜冲击"（Supercool）。欧洲与美洲的职业教育发达国家，已不再止步于标榜单纯培养职业技术人才的教育模式，而是通过

---

① 进入21世纪以来，人才招聘模式也发生了变化。企业更中意那些不需要额外进行职业教育培训就可以直接上岗工作的专业人才。因此，招聘模式也由原来公开招聘，逐步转变为小规模的即时招聘、猎聘（스카웃）、实习招聘、推荐招聘等只雇用少数人力的"钓鱼式招聘"模式。而新一代的上班族也比过去的上班族更加积极地积累和丰富自身的工作经验。也就是说，在未来的职业世界里，应该系统地计划并管理从就业到退休的全部过程。

② 韩国专门大学教育三十年史编纂委员会：《韩国专门大学教育三十年史》，专门大学教育协会，2010 年。

学制与教学课程改革，灵活搭配两年制与四年制，即所谓"学院大学"（University College）来提高教育效率。

学院大学灵活开设并运营一、二、三、四年制，甚至是硕士研究生的课程。也就是说，这些大学致力于培养专业学士、准学士、学士、专业硕士等，而且教育重心也各不相同。学校主要根据学生的学习水平、时代的职业需求模式，以及地区产业集群等，设计出应对不同职业能力需求的教育项目。

韩国专门大学的性质与地位也正在发生新的变化。各大学加紧适应社会的巨变，努力将本校的特色领域打造成为发展引擎。以学制为例，保健卫生系列为中心的部分专业已实行三年制，2007年开始引进学士学位专业深化课程，并培养出了第一批毕业生。在学位管理上，引进了学期制、学分银行制、产业委托教育、定制教育、联合学科及特约学科、海外实习制、学期实习制、国内外大学学分交流制等多种管理渠道，承担了韩国42%的高等教育。[①]

同时，专门大学通过对产业劳动者的委托教育等，致力于激活自由往返于工作岗位和大学，即所谓"从岗位到大学（Work to School），从大学再到岗位（School to Work）"的教育模式。这就将成人教育纳入了大学教育体系，摆脱了原先只针对适龄学生的教育模式。随之，在教育满意度及就业率等多个方面都较为突出的专门大学纷纷涌现。此外，韩国专门大学还致力于将本国的职业教育经验推广到海外。他们将优秀的教育项目应用于当地劳动者教育，并转化为企业定制项目，积极探索优秀教育项目的品牌化方案。

下面，将以韩国专门大学教育发展30年中，未能合理解决的授课年限多样化问题为例，谈一谈先进国家高等职业教育的典型案例。[②]

在国际社会中，芬兰被公认为是引领21世纪的发达国家，常作为

① 产业政策研究院：《先进职业教育体系强化方案——以增加专门大学授课年限弹性为中心》，韩国专门大学教育协会，2009年。

② 韩康熙（한강희）：《通俗易懂的专门大学教育30年史》，《专门大学消息报》（第12期连载部分2010.5—2011.4）。这里叙述的先进国家职业教育相关事例是从笔者收集到的资料中选取、概括的。

国家经营典型来研究。这是由于 2000 年与 2003 年，以 OECD^① 成员国的中学生（15 岁）为对象进行的学习能力评价结果显示，芬兰学生在阅读理解能力、数学能力、解决问题能力等方面排名领先（2000 年第二位，2003 年第一位），展现了芬兰在精英教育上的成功。在职业教育方面，20 世纪 90 年代，芬兰通过高等教育制度改革，对职业教育相关的特殊教育机构进行了整合。1996 年，芬兰成立了 31 所技术大学（Polytechnic），针对专业技术知识进行重点教育。芬兰现有 29 所专门大学，约 75000 名在校生，授课年限通常为 3.5 至 4 年。所有学校均为国立院校，受教育部管辖，自主进行运营和管理。特别是 20 世纪 80 年代到 90 年代以后，职业环境与劳动力市场的急剧变化，成人教育被激活，终身教育的重要性逐渐显现。所以目前，芬兰正在运营的成人教育相关机构已有 1000 多所。

说到欧共体的高等教育体制改革，就不得不提意大利的博洛尼亚进程。博洛尼亚进程是欧盟及其他欧洲国家以合并（或整顿）大学教育为目标正在实施的计划。1999 年，欧盟各成员国教育部长在意大利博洛尼亚大学举行会议，希望通过对大学教育的比较、评价及相互认可来实现教育欧洲化。为此，他们统一学士、硕士、博士等学位的制度标准，并提出了大学间学分互换制度（European Credit Transfer System，以下简称 ECTS）。2008 年，欧盟 27 国和冰岛、挪威、瑞士等非成员国，共 47 个国家参与了博洛尼亚进程，并将 2010 年定为目标年。博洛尼亚进程可以说是为解决大学教育与研究的公共责任与社会因素、大学的教育管理、大学教育在现代社会的价值与作用等问题进行的创新性标准化改革。为了提高教育在国际化、无限竞争时代背景下的"国际通用性"，博洛尼亚进程不仅追求学位在表面形式上的统一，还谋求代表性成果与资质标准——内容上的统一。因此，博洛尼亚进程不再局限于个别国

① 经济合作与发展组织（Organization for Economic Co-operation and Development），简称经合组织（OECD），成立于 1961 年，总部设在巴黎，是由 38 个市场经济国家组成的政府间国际经济组织，旨在共同应对全球化带来的经济、社会和政府治理等方面的挑战，并把握全球化带来的机遇。——译注

家，而是在整个欧洲范围内制定的学位质量测定标准。同时，这也暗示了，在各国人员交流日趋频繁的今天，仅以个别国家为标准制定的质量保障机制与学位体系等，已经很难再发挥有效作用了。

大学学院（University College）作为加拿大的新型高等教育机构，同时兼有专门大学（专科学院）和普通大学的部分功能，是加拿大不列颠哥伦比亚省独有的高等教育机构。经过十多年的发展，该教育制度虽仍处于评估阶段，但积极开展了区别于传统大学以学术研究为主的大学教育。该制度的实施为学生提供了更多的学习机会，让大城市以外的学生居家学习也能够获得学位，进一步扩大了学位的获取范围。因此，在没有经济负担的情况下，国家也能够培养出大量的高学历人才。但就现阶段来看，该制度既有长处也有短处，同样也存在诸多问题。调查结果显示，以学士课程为例，虽然该制度完全符合加拿大的教育标准，并在师资水平、学生满意度、地域性及社区服务等方面得到了较高评价，但财政入不敷出导致的财政困难却始终存在。

根据以上内容可以看出，当今社会，在对英美国家为中心的职业教育没有较深理解的情况下，作为短期教育的专门大学，通常被认为是区别于普通大学的教育路径。但不可否认的是，短期教育体制在灵活应对知识型社会下的产业变化及需求上确实存在局限性。

在这样的背景下，职业教育先进国家通过将现有大学整改为以实践为中心大学、强化短期职业教育机关的教育特性、开设学士学位课程等方式，提高职业教育水平，进而达到体制改革的目的。此外，体制改革以高等教育国际化为目标，将重点放在职业资格认证、职业资格通用性，以及职业资格质量管理上。

据此，韩国专门大学也需要及时做出相应调整，在偏离社会需求、低质量、高学历的人员大量产出的情况下，应尽快采取职业教育强化措施来提高人才的国际通用性。这就需要根据未来社会需求，以"学习成果"（learning outcome）与"能力素质"（competencies）为中心，重新制定教育内容，探寻符合劳动力市场需的、灵活多样的学制形态。

三、专门大学职业教育的成果与现阶段定位

韩国的高等教育体系，主要是根据专门大学体系，包含1945年解放前1所大学在内，不断分化而来的。这种高等教育的体系划分主要包括纵向分化体系与横向分化体系。其中，横向分化体系是指在横向同等条件下，在高等教育体系变化中形成的体系；而纵向分化体系是指根据高等教育机构类型之间的垂直关系、层次关系构成的体系。[①] 根据教育机构的设立目的，横向分化体系将教育机构划分为统称四年制大学的普通大学，以职业教育为核心的专门大学、产业大学等；而纵向分化体系则主要依据教育课程水平，将高中毕业后的全部高等教育划分为本科—硕士—博士等三个层次。就教育机构间的关系而言，韩国与美国和日本一样，包括普通大学与专门大学在内的所有教育机构，都处于垂直分层的序列关系当中。

截止到2011年，韩国共设有147所专门大学、1380门课程、233730名在校生。在韩国高等教育机构（347所大学）中，专门大学数量占比仅次于四年制大学（201所，57.9%）为42.1%；而就招生人数而言，相较于四年制大学的466450人（63.4%），专门大学约为233730人（36.5%）。[②]

进入20世纪90年代后期，韩国专门大学遭遇的首次危机是由低出生率和学龄儿童减少导致的生源匮乏问题。同时，伴随着生源减少出现的高等教育资源膨胀，大学无限竞争体系，例如远程大学、学分银行制、国外大学进军韩国等，都成为阻碍韩国专门大学发展的重要因素。此外，知识型、终身学习型社会的到来，以及产业结构与职业环境的巨变等外部因素也不容忽视。

为了能够克服以上困难，专门大学需要对原有的"百货商店式"学科结构进行调整，并集中培养差异化竞争力。而韩国政府则在政策上推

---

① 韩国广播电视大学教育研究所，《教育资料集》，1992年，第14—16页。

② 韩国专门大学教育协会官网：www.kcce.or.kr。

行个别大学特色化等多种方案，通过具体的政策制定与制度实施来努力解决危机。自 1996 年开始，韩国落实了"专门学士学位授予制度"，1998 年实行学校名称自主化，2002 年增加三年制专业，2007 年引进专业深化课程并开始培养学士学位毕业生。[①]

与此同时，专门大学的内部努力也从未间断。许多专门大学以就业需求为导向，推行学期制、学分银行制、产业委托教育、定制教育、联合培养与特约专业、海外实习制、学期实习制、国内外大学学分交流制等，实施与"民、官、产、研"联合的就业指向型教育，旨在通过多种渠道实现职业教育的特色化、专业化。

此外，关于韩国高等教育所取得的成就与未来发展，具体可以从教育项目、教学学习方法、政府作用、校务管理、教职工人事管理、产学研协作机制、大学国际化等方面进行考察。即韩国高等教育从招生入学到毕业就业的一系列过程已迈入更加合理化、科学化的发展阶段，并预计未来会有间断性的革新。[②]

《21 世纪高等教育变化与前景》还列举了保障大学的招生权力的完整、增加在职与成人招生机会、首都及地方招生名额自主化、推广年内不定时招生制度、扩大以资助者子女为对象进行招生的入学制度，即"贡献入学制度"等相关政策。特别是，此书预测到 2020 年，大学将完成在招生时间、标准、方法、名额等方面的完全自主化。此外，报告还提及了大学发展过程中的政府作用，例如减少对私立大学的介入，扩大大学自主性并降低政府作用，改变国立大学设立主体（道立、市立、法人化等），增加大学财政支持，扩大地方大学政府支援，通过高等教育相关协会或委员会进行管理等，并认为在未来随着政府逐步减少对大学，特别是私立大学的干预，高等教育的自主性将得到大幅提升。

韩国专门大学在制度改革上取得的成就，可以说离不开各个大学

---

① 杨汉洙等（양한주）：《学士学位专业深化课程实施情况评价方案研究》，韩国专门大学教育协会，2008 年。

② 刘贤淑（유현숙）：《21 世纪高等教育变化与前景》，韩国教育开发院，1998 年。

对于发展的不懈追求。专门大学的教师资格标准与薪酬标准，分别于2002年和2006年完成了与四年制普通大学的统一；机构领导名称也在2009年由原来的"院长"调整、提升为"校长"。这些成果都为专门大学地位的提升做出了贡献。

设立专门大学的根本意义在于为产业生产培养合格的专业性人才。从就业率来看，四年制大学与专门大学的对比结果显示为：65%∶83.5%（2005年）、67.1%∶84.2%（2006年）、68%∶85.2%（2007年）、68.9%∶85.6%（2008年）。这也意味着专门大学的学生就业率远高于四年制大学。特别是在"大学就业不景气"的强烈认知下，就业前景较好的专业出现了四年制大学毕业生重新入学的"回炉"现象。2008年，大学重新入学学生人数为4595人，这相较于2001年的2668人，人数增长了0.7倍。[①]

韩国专门大学在过去的三十年里，培养了近500万名的产业人才，这是专门大学创下的伟业。进入21世纪，专门大学需要在培养适应知识信息化社会的竞争优势，构建合理、科学的就业体系，关注国际性人才培养上投入更多的精力。不仅是针对适龄学生，专门大学还要兼顾地方的成人教育需求，通过实施能够在毕业后直接就业、与产业公司紧密对接的就业指向型教育，彻底实现自由往返于工作岗位与大学，即"从岗位到大学，从大学再到岗位"（Work to School，School to Work）的教育模式。

同时，经过三十年的发展，到了今天，留给韩国专门大学未来需要解决的问题是，如何引进发达国家切合时代精神与国际潮流的职业教育体制，并提出能够将职业教育效率最大化的计划与策略。今后，专门大学在国际化领域将迎来巨大变化。预计未来，专门大学将全面增加教师与学生的国际交流，扩大跨国型大学的规模，吸引更多国外大学进入韩国，积极推进国内大学进军国外，并扩大学校间合作等。而近期，以韩国专门大学教育协会为中心，以发达国家职业教育制度为目标，尝试进行教育制度改革，并试图制定符合企业需求的职业教育文化等一系列努

---

① 韩国专门大学教育三十年史编纂委员会：《韩国专门大学教育三十年史》，专门大学教育协会，2010年。

力也是合乎时宜的。

最后，未来的高等教育理念与功能，将围绕加强职业与就业教育，强化平等观念与大众教育体制，强调精英化理念与精英化教育，加强人文素质教育，保证大学毕业证含金量等方面发展，以实用性为前提的职业教育与就业教育将成为趋势。当然，这与急剧变化的产业结构息息相关。

因此，高等教育将被划分为重视精英化的精英教育，以及立足于众人平等理念的专业职业教育。也就是说，未来包括专门大学和四年制大学在内的本科课程将发展成为培养职业人才的职业培训机构，而研究生院将发展成为履行研究职能的知识生产机构。[1]

作为韩国高等职业教育机构，专门大学想要培养符合 21 世纪时代要求的专业化产业人才，就必须重新定义职业教育的特性（identity）与前景（vision）。也就是说，要努力提高职业教育的地位，并提供符合国际化要求的职业教育。这就需要以知识型社会需求为导向，重组（re-structuring）国家人力资源职业教育体系。《韩国专门大学 2020 年发展规划》就体现了这一趋势，并从七个方面提出了详细的发展目标与策略。这些内容既是正在进行的努力，也是留给未来的课题，具有现实与未来的双重属性。其主要内容概括如下[2]：

1. 关于推进高等职业教育体制改革的具体措施主要包括：确定授课年限自主化的基本方向，制定授课年限的执行标准及实施方案，建立继续教育体制，强化地方终身教育功能，分化和分担专门大学的职能与作用，教育形态多样化，强化教育内容的实用性等。

2. 关于产学合作改革的目标与策略主要包括：制定大学与生产企业间不同类型合作规划，以检验合作成果，开发大学主导型—企业贴合型—地区贴合型等多种合作模式及运营策略，通过启动产学研一体化探索激发地区产业经济的新元素，制定多种产学合作的差别化战略与实践

---

[1]　金虎东等（김호동）:《韩国专门大学 2020 年发展规划阶段性报告书》，韩国专门大学教育协会，2009 年。

[2]　同上。

计划，培养产学合作优秀人才等。

3. 关于教学—学习体制优化的改革计划与策略主要包括：开发优秀教学项目，并在全国范围内宣传与普及，发展并扩大专门大学教学中心（CTL），持续完善并宣传韩国专门大学教育协会现有项目的相关研究等。

4. 关于学士（学位）制度及教育课程改革包括：为引进 KSS[①] 教育培训课程而提供财政支持，示范应用教育培训课程，编纂教材并制定解决方案，宣传课程引进必要性，加强师资专业性，建立质量保障体系，以及经验学习评价认证制度等。

5. 关于推进评价认证制度建立的具体措施主要包括：建立政府指定评价认证机构，制定认证机关的评价认证标准、程序及方法，为评价认证制度建立的必要性与达成共识进行宣传并提供素材，为评价认证制度实施引进专家，强化专业性并建立高级认证体系等。为此，需要详细制定政府、专门大学，以及认证机构的相关方针政策及实施策略。

6. 关于构建国际就业体系的具体项目包括：引进海外留学生项目，对外输出专门大学职业教育项目，在海外建立国际专门大学（Global Hub College）等。

7. 关于确保教育财政稳定的具体措施主要包括：推进专门大学特色化项目，充分利用职业教育培训的雇佣保险基金，制定高等教育财政拨款法，向贫困学生提供 50% 的国家奖学金，增加贫困学生学费的低息贷款等。

除了《韩国专门大学 2020 年发展规划》中提及的上述简要内容外，为了让专门大学保持其作为灵活培养知识性社会产业人才的高等职业教育机构职能，并发展成为继续教育机构，需要在实现授课年限多样化的同时，果断消除专门大学与普通大学的差别限制等，这一系列举措都依赖于政府层面的宏观调控。

专门大学应切实实行就业指向型产业技术人才的培养与再教育，确

---

① KSS：知识共享系统，Knowledge Sharing System 的简称。——译注

立其特色化、专业化大学的地位，提高在校学生乃至社会人士等受众人群中的知名度，根据大学自身特色对其现有的教育制度进行改革，并为提高成人的终身职业能力设计多种教育体系。

同时，考虑到高等职业教育机构在人力资源开发中的重要贡献，强化高等职业教育体制，需要政府制定灵活且适宜的政策性指导意见。在知识与技术决定国家竞争力的知识型社会，随着所谓"铁饭碗"工作的消失，以确保工作为目的的终身学习伴随着人们的一生。因此，为了让专门大学切实地履行其教育职能，迫切需要国家与社会的支持。

四、结论：对专门大学未来前景的规划与探索

进入新世纪后，面对内外环境困难重重的现实，专门大学展现了其内部的觉醒意志，具体表现为由韩国专门大学教育协会策划并颁布的两个中长期发展规划。总体规划主要从 2010 年和 2020 年提出了专门大学的发展方案。其内容概括如下：

第一个项目是《2010 年专门大学总体发展规划》[①]，也是 2007 年 10 月，由金正吉出任韩国专门大学教育协会第 12 届会长后重点推进的项目。作为李明博政府公约的一环，2010 年总体规划提出的三大方向分别是"变化（Change）、挑战（Challenge）、创造（Creat）"（又称"3C"），并以"工作的大韩民国力量，145 所专门大学共同发展！""培养产业人才，专门大学带头领先！"为宣传口号与发展目标。

该规划的核心目标具体包括：提高专门大学地位（专门大学教育能力的社会再评估、专门大学毕业人才的发掘、教育质量管理、自主宣传的强化）、完善专门大学制度并制定相关政策（丰富学士学位专业深化课程、修订授课年限自主化相关法律、国际化教育、制定大选公约内容

---

① 以金浩东教授为代表提出的《专门大学 2020 年中长期发展总体规划》由 7 个发展领域、17 个发展目标和 41 个具体发展目标构成。发展目标涵盖 7 个领域，主要包括高等职业教育体制改革、产学合作改革、教学—学习改革、教育课程及学位制度改革、评价—认证体系建构、促进国际交流、财政教育稳定保障等领域。

及战略、制定 2010 年总体规划具体政策目标、定期举办学术论坛及研讨会）、扩大专门大学财政预算（扩大财政支持规模并改善支援方式、促进结构调整良性循环、持续跟踪政府支援项目并提供政策性材料）、构建人力资源网络（组建并激活政策制定委员会）、构建由协会会长团及个别大学教授组成的有效决策系统、强化协会职能（提高业务能力、优化会员服务、激活自治体项目）等。通过以上措施最终达到提高需求者满意度，增强职业教育社会认知度，强化教育能力并确保其竞争力等目的。

2020 年总体规划的最终目标是专门大学教育制度发展及高等职业教育体制改革。具体来讲，国家通过培养优秀产业人才、管理并开发国家人力资源，克服经济危机并位列发达国家；学习者通过持续、循环、开放的终身学习，保障终身工作；生产企业通过产学合作及优秀人才，确保企业竞争力；专门大学通过改革教育课程与教学—学习方法提高职业教育效率，通过构建评价—认证体系提高社会地位，通过培养国际化领导型人才提高教育产业竞争力。

此外，还需要探讨一下专门大学内部成员共同关注的问题。首先，"授课年限自主化"可以说是 21 世纪专门大学职业教育的核心课题。[①]

针对该课题，不仅是专门大学的内部成员，职业教育领域的专家也格外关注。在欧洲（芬兰、英国、法国、意大利）、美洲（美国、加拿大）、大洋洲（澳大利亚、新西兰）等职业教育先进的国家，实行授课年限的自主化调整是非常普遍的。他们的职业教育并没有止步于培养职业技术人才，而是通过理论指导深化教育课程，即通过所谓"大学学院"（University & College）的形式来加倍提高教育效率。

韩国专门大学是时候准备新的飞跃了。韩国专门大学不应该满足于过去三十年取得的成就，而应该实现"脱胎换骨"。如果说，20 世纪的

---

① 所谓"授课年限自主化"是将韩国高等教育的大框架划分为以知识为中心和以产业人才培养为中心，打破普通大学四年、专门大学两年的固有观念，灵活开设两年制、三年制、四年制，甚至是职业教育硕士、博士课程，以此扩大和深化职业教育的制度。这个制度旨在紧密贴合学生主体的学习水平以及时代职业需求模式，结合地区产业集群，提供符合不同职业水平的教育项目。

产业社会主要依据个人能力与价值观来挑选人才，那么到了 21 世纪的知识融合时代，则以创新思维为前提，要求具备专业性与挑战精神的人才。也就是说，要求培养面向全球的创新型人才，而不是以职业能力为中心的人才。大学应该通过内部的结构调整来解决教育过程中存在的低效或不合理的问题，积极开拓专业化、特色化道路，努力提高教育满意度等，进而全面提高就业率。这并非是选择性条件，而是必要条件。

另一方面，为了能够应对类似教育机构不断涌现带来的挑战，专门大学还需要努力提高教育质量，加强对高等职业教育的功能、作用、必要性等方面的宣传。要想将专门大学的内驱力转化为发展引擎，就要确保学位与财政运营的公开透明，强化学校管理责任，切实实行成人教育与终身职业教育，形成符合全球化体系的教育产业。同时，应该将优秀的教育项目应用于当地劳动者教育，并转化为企业定制项目，致力于探索优秀教育项目的品牌化方案。

为了积极应对全球化、知识型社会带来的环境变化，韩国专门大学有必要关注作为"国际区域共同体"的欧洲高等教育统合教育体系——博洛尼亚进程（Bologna Process）。此进程的核心意义在于，不仅为欧洲大学的学位授予制定了形式上的标准，还为该学位所包含的成果与资质确立了标准；不再局限于个别国家，而是在整个欧洲范围内制定了学位质量测定程序标准，为欧洲的学位质量提供了保障。可以说，这是为构建欧洲公认的职业教育评价认证体系所做出的努力。

欧洲的"博洛尼亚进程"很好地向我们展示了为提高全球化、无限竞争时代教育的"国际通用性"，应该做出怎样的努力。这个进程可以说是前所未有的尝试，也从战略过程及内容上为专门大学教育改革提供了有意义的借鉴。从这点来看，韩国专门大学应制定适应未来职业社会需求的、以提高"学习成果"（learning outcome）与"技术力量"（technical competencies）为目标的职业教育解决方案，构建职业教育评价、认证、学位等相互作用的、高层次的职业教育体系。这也是建设世界级名牌专门大学（World Class College），以及构建职业教育海外中心（Global Hub）的前提。

特别是为了让此类计划或战略实现软着陆与良性循环，需要加强国家对大学实力的强化工程和财政支援，引进职业教育培训雇佣保险基金，确立高等教育财政拨款法等为确保教育财政稳定，提供政策性支援与改革，并制定个别大学未来发展规划等。

同时，专门大学为了创造更好的发展前景，需要与职业教育相关各层机构相互理解与合作。也就是说，专门大学需要通过改革教学课程与教学—学习方法提高职业教育效率，通过构建评价—认证机体系提高社会地位，通过培养国际化领导型人才提高教育产业竞争力；企业通过产学合作及培养优秀人才确保产业竞争力；国家通过培养优秀产业人才进行国家人力资源开发，并提出相对应的管理方案。

专门大学的未来前景规划需与高等教育的一般改革动向相匹配，才能体现其必要性。发达国家通过注重高等教育的"优越性""多样性""效率性"来实现国家竞争力与"教育产业社会"（educational industry society）。具体来讲，21 世纪的大学教育政策紧跟这样的变化趋势，将"教育消费化"（educational consumerized）、"学习化"（learning oriented）、"网络化"（network driven）作为核心课题。

结合国内外高等教育环境的巨大变化，作为韩国高等教育机构的专门大学，其教育制度也将出现以下变化：摆脱以知识为中心的"一边倒"，向重视实用性的职业教育转变；从以培养学者为目标的教学行为为中心，向开发职业能力的学习者需求为中心转变；向开发终身就业能力的终身职业教育体制（lifelong employability）转变；高等教育机构需要承担多种职能，其多样化与特色化才可以得到加强。[①]

此外，未来也有望解除针对教育对象、领域、场所等方面的特殊限制，尤其是在高等教育与成人教育领域。在生源保障与课程运营上，通过专门大学与非正规教育机构的激烈竞争，比起学历，未来社会将更加重视职业资格与个人能力。而这种社会变化对于专门大学来说，既是机遇也是挑战。教育设施与设备，也从以固有的硬件为主转变为以软件为

---

① 尹汝松（윤여송）:《高等教育变化与专门大学发展战略》，韩国专门大学教育协会，2009年。

主，更为灵活。同时，单向授课和被动学习过程也将被取代，教师利用多种教学工具与手段，从知识提供者转变为学习激励者或学习顾问。教室、实验室以及实习室等空间与物理概念也将逐渐被淡化。大学的行政管理与运营，需依托学习组织与知识经营组织，最大程度地尊重成员意见。大学的行政权力将分散到以教学为中心的学习—研究单位，强调权力和责任，落实以成果为基础的评价制度，实施团队经营制度或教授责任经营制度。

（2012 年）

韩国大学新闻节选　韩国专门大学教育三十年十大新闻

■ 整合改编"专门大学"

1979 年 3 月，韩国文教部将初级大学改编为普通大学与专门大学，并将实业高等专门学校与专门学校整合为专门大学。各类五年制大学被废除。至此，完成了两年制短期高等职业教育体制的整合与确立。

■ 成立韩国专门大学教育协会

1988 年 5 月，韩国专门大学教育协会（简称"专门大教协"）以社团法人身份获批成立。其间，专门大教协曾先后更名为全国私立专门大学校长联合会（1979 年）、全国专门大学校长协会（1986 年）、全国专门大学教育协会（1987 年）。1995 年 12 月，专门大教协以特别法人身份制定了《韩国专门大学教育协会法》。目前，协会办公室位于韩国首尔市中区中林洞 500 号。

■ 出版《专门大学教育十年史》

1994 年 8 月，为纪念专门大学体制改革十周年，出版了《专门大学教育十年史》。由第一部《专门大学前史》、第二部《专门大学的发展》、第三部《专门大学的教育活动》、第四部《专门大学的未来发展》等构成。为纪念专门大学发展三十周年，计划今年末出版《韩国专门大学教育三十年史》。

■ 授予"专业学士"学位

1996 年 12 月，韩国开始授予专门大学毕业生"专业学士学位"。此前，韩国只针对四年制大学毕业生，以及获得硕士、博士学位的学生授予学位。1997 年 2 月，韩国教育部部长安秉永出席东洋工业专门大学毕业典礼，亲自向毕业生授予了"专业学士学位"。

■ 落实国家财政支援项目

1997 年开始，韩国根据《教育基本法》《高等教育法》《私立学校法》落实了国家财政支援事业。其中包括特色化项目、乡村基础项目、优秀工业系列大学支援项目、实业高中联合项目、产学合作就业协议制度、定制项目等。从去年开始，此项目更名为"教育力量强化项目"，并引进采用"程式拨款"（formula funding）的财政支持方式。

■ 自主使用专门大学名称

1997 年 12 月，韩国根据现有教育法，摘取高等教育相关条款并重新制定了《高等教育法》。其中，专门大学的教育目标从原先的"培养中坚技术人才"转变为"培养专业职业人才"。随后，专门大学开始自主使用名称，并引进了专业深化课程。

■ 统一教学资格与定岗年薪

2002 年 1 月，韩国颁布了《有关教授资格标准等相关规定》（总统令 17486 号）。自此，专门大学教师和四年制普通大学教授的教学资格与定岗年薪实现了统一。而后，2004 年 5 月，韩国颁布了《教师工资规定及差旅费规定》。

■ 成立"专门大学教育改革运动本部"

2005 年 5 月，为了制定高等职业教育体制改革方案，成立了"专门大学教育改革运动本部"。仁德大学教授尹汝松出任本部长。随后，在新闻中心国际会场举行了教育改革决议大会。会议上，来自 158 所专门大学的 500 余名在职教授毫无保留地表达了此前积累的种种不满，并根据"专门大学带头培养产业人才"的决议，向政府提出了修订教育改革相关法律的请求。

■ 引进"学士学位"专业深化课程

随着《高等教育法》的修订，2007年7月，韩国专门大学正式开设本科课程。这是自1998年设立非学位专业深化课程（一年制）以来，经过10余年的努力取得的成就。2008年，全国66所专门大学、242个专业共招生6830人。而截至目前，全国84所专门大学、405个专业共招生9829人。

■ "院长"上升为"校长"

2009年2月，专门大学领导名称由原来的"院长"调整为"校长"。2008年10月，韩国大国家党议员林海奎等人提议修改专门大学领导称谓（校长）相关的高等教育法律，仅仅过了三个月，即2009年1月13日，国会全体会议就通过了该决议。其间，不仅是四年制大学，包括网络大学、产业大学、教育大学在内的所有大学主管领导都使用"校长"，而唯独专门大学与技术大学的校长被称为"院长"，这确实带来了诸多问题。同时，使用低于四年制大学领导称谓的"院长"，不免涉及"自尊"的问题。此项决议，可以说实现了专门大学长期以来的一大夙愿，这也让现任专门大学教育协会会长金正吉在之后的选举中获得巨大支持并成功连任。

专栏　专门大学，正发生这些改变

为了激活美国经济，美国总统巴拉克·奥巴马举手支持了社区大学（Community College），而非四年制普通大学。今年7月，在密歇根州马科姆社区大学的一次演讲中奥巴马提及了他的抱负。声称到2020年为止，为培养绿色能源领域所需要的产业人才，将向专门大学投入120亿美元（约合15万亿韩元）。这也意味着他将"美国大学毕业生就业优先权"（American Graduation Initiative）赋予了以职业教育为中心的专门大学，而非有"百货商店式"的专业、以知识为中心的综合大学。

奥巴马的这一想法，可以说是及时解读了英国、法国、德国、芬兰、澳大利亚、新西兰、加拿大等职业教育发达国家着重发展技术人才培养教育、成人职业教育、终身职业教育的事例，为美国职业教育带来了"新鲜冲击"（Supercool）。欧洲与美洲的职业教育发达国家，已不再止步于标榜单纯培养职业技术人才的职业教育，而是通过学制与教学课程改革，灵活搭配两年制与四年制"学院大学"（University & College）来提高教育效率。

这些院校灵活开设并运营一年制、两年制、三年制、四年制，甚至是硕士研究生课程。也就是说，这些院校致力于培养专业学士、准学士、学士、专业硕士等人才，且教育重心各不相同。学校主要根据学生的学习水平、时代的职业需求模式，以及地区产业集群等，设计出应对不同职业能力需求的教育项目。近期，作为特殊专门大学的韩国铁道大学与农协大学，以建设更专业、更深入的教育为名义，发表了即将建设研究生院的计划，此项举措亦是这一趋势的具体体现。

韩国专门大学的性质与地位也正在发生新的变化。各院校加紧适应社会的巨大变化，努力将本校的特色领域打造成为发展引擎。以学制为例，保健卫生系列为中心的部分专业已实行三年制，2007年专门大学开始引进学士学位专业深化课程，并培养出了第一批毕业生。

作为拥有三十多年历史的高等职业教育机构，专门大学以培养符合产业现场的合格人才为目标，在追求数量上的扩大同时，也一直在谋求高质量的发展。由最初的"实业高等专门学校"9 所学校、953 名学生，经过 30 年的发展，目前共有 146 所学校、233730 名学生。专业也从最初的 23 个专业发展分化成现在的 1380 个专业。在学位管理方面，采用了学期制、学分银行制、产业委托教育、定制教育、联合学科及特约学科、海外实习制、学期实习制、国内外大学学分交流制等多种管理渠道，承担了韩国 42% 的高等教育。

与普通大学相比，专门大学的优势在于高就业率。2008 年，专门大学就业率高于 85%，超过了四年制普通大学。特别是在"大学就业不景气"的强烈认知下，就业前景较好的专业出现了四年制大学毕业生重新入学的现象。2008年，重新入学的学生人数为4595人，相较于2001年的2688人，人数增长了0.7倍。但令人欣慰的是，这种重新入学"U-turn"现象，与设立专门大学、实现终身职业教育体制的宗旨不谋而合。

同时，专门大学通过对产业劳动者的委托教育等，致力于激活自由往返于工作岗位和大学，即所谓"从岗位到大学，从大学再到岗位"（Work to School，School to Work）的教育模式。这就将成人教育纳入了大学教育体系，摆脱了原先只针对适龄学生的教育模式。随后，在教育满意度及就业率等多个方面都较为突出的专门大学纷纷涌现。

此外，专门大学还致力于将本国的职业教育经验推广到海外。他们将优秀的教育项目应用于当地劳动者教育，并转化为企业定制项目等，积极探索优秀教育项目的品牌化方案。

韩国专门大学聚焦于专业化教育、特色化大学，为应对快速变化的产业结构、劳动力市场以及教育需求，集中力量制定战略并规划前景，时刻准备着新的飞跃。

（《教学新闻》，2010年11月）

专栏　专门大学职业教育的方向与前景

韩国成立专门大学已三十年有余。专门大学在跨越一代人的短暂历史中，一直以来，追求数量上的扩大的同时，也在谋求高质量的发展。专门大学培养了超过500万名的产业人才，起到了作为高等职业教育机构的中枢作用。

在三十余年的发展历程中，专门大学最令人瞩目的是其内在的成长。教育法规定，韩国专门大学的教育目标从"培养中坚技术人才"调整为"培养专业职业人才"。1998年开始，专门大学实现大学名称的自主化使用。教师资格标准与薪酬标准也实现了与四年制大学的统一。2005年引进三年制专业，2007年引进学士学位专业深化课程，2009 年将院长调整为校长。

承担着韩国 42% 的高等教育工作的专门大学，最近面临着由"大学无限竞争模式""开放教育市场"等带来的、韩国近现代教育史上前所未有的挑战。四年制普通大学亦是如此。常言道："挑战就是机遇。"也就是说，韩国大学的命运，取决于其能否以创造性规划为基础，通过实质性的产学合作提高就业率。

值得庆幸的是，与普通大学不同，专门大学以就业需求为重心，进行了民、官、产相联合的现场指向型教育。通过学期制、学分银行制、产业委托教育、定制教育、联合学科及特约学科、海外实习制、学期实习制、国内外大学学分交流制等多种渠道，向特色化、专业化方向努力发展。

新设以产业需求为导向的特色专业是这种努力的典型案例。2010 年度，韩国专科大学新设艺术游戏、时装购物中心、IP-TV 服务、影像修复设计、另类教育（Alternative education）、鉴定评估、韩国饮食、职业电竞等专业；2009 年度，韩国专科大学设立了高尔夫球童、汽车交易、休闲船制造、医疗美容、健康焕肤、药材资源、泡菜发酵加工、宠物管理、鞋类时尚产业等专业。也就是说，根据产业发展的劳动力市场需求灵活开设新专业。专门大学只有致力于发展与产业企业密切相关的现场指向型专业，才能够实现发展与飞跃。能够灵活引进符合时代潮流的企划和策略，可以说是专科大学特有的差别化竞争力。

事实上，这种差别化竞争力让专门大学在 2000 年后实现了比四年制普通大学更高的就业率。四年制大学与专门大学的就业率对比结果显示为：65%∶83.5%（2005 年）、67.1%∶84.2%（2006 年）、68%∶85.2%（2007 年）、68.9%∶85.6%（2008 年）。特别是在"大学就业不景气"的强烈认知下，就业前景较好的专业出现了四年制大学毕业生重新入学的现象。2008 年，重新入学的学生为 4595 人，相较于 2001 年的 2688 人，人数增长了 0.7 倍。就这样，很多专门大学在教育满意度及就业率等多个方面充分展现了其教育优势，逐步扩大了专门大学的社会知名度。

　　但是，很难预测韩国专门大学的未来发展究竟会怎样。预计未来 10 年，韩国高中毕业人数将锐减，且低于韩国大学的招生人数。同时，普通大学的专业设置与专门大学高度重合，网络大学、学分银行制等类似教育机构及教育制度的活跃，也正在削弱专门大学在职业教育上的优势。因此，专门大学不仅要招收适龄学生，还要接纳地区成人教育，让"从工作岗位到大学，从大学到工作岗位"（Work to School，School to Work）的口号成为现实。

　　为了确保专门大学拥有符合知识信息化时代潮流的教育质量竞争力，必须在制度上实现"授课年限多样化、自主化"。所谓"授课年限自主化"是将韩国高等教育的大框架划分为以知识为中心和以产业人才培养为中心，打破普通大学四年、专门大学两年的固有观念，灵活开设两年制、三年制、四年制，甚至是职业教育硕士、博士课程，以此扩大和深化职业教育的体系。

　　这在欧洲（芬兰、英国、法国、意大利）、美洲（美国、加拿大）、大洋洲（澳大利亚、新西兰）等职业教育发达国家是非常普遍的。他们的职业教育并没有止步于单纯培养职业技术人才，而是联系理论深化教育课程，即通过所谓"大学学院"（University & College）的形式来加倍提高教育效率。该制度的宗旨是，根据学生主体的学习水平、时代所需的职业需求模式，以及地区产业集群等，设计出应对不同职业能力需求的教育项目。

　　另外，韩国专门大学还要把目光转向培养国际性人才。专门大学不仅要培养能够刺激内需的职业人才，还要与进军海外的韩国企业合作，将优秀的教育项目应用于当地劳动者教育，并努力吸引国外学生。同时，还应该利用韩国的技术优势制定职业教育内容，并将职业教育经验转化为教育出口品牌。

　　最后，为了专门大学在未来发展中，能够积极应对急剧变化的产业结构和劳动力市场，政府层面的特殊支援是必不可少的。美国总统巴拉克·奥巴马（Barack Obama）为了激活美国经济，举手支持以技术人才培养教育、成人职业教育、终身职业教育为核心的社区大学（Community College），而非四年制综合大学的案例，可以说是非常适宜且新鲜的冲击（Supercool）。奥巴马提及了他雄心勃勃的抱负，声称到 2020 年为止，将投入 120 亿美元（约合 15 万亿韩元）培养绿色能源领域所需的专门大学人才。

作为高等职业教育制度，为了让专门大学教育实现软着陆与良性循环，需要加强大学实力强化工程和财政支持、引进职业教育培训雇佣保险基金、制定高等教育财政拨款立法等，通过创新思维转换与政策性支援以保障教育财政稳定。

（《韩国经济新闻》，2010 年）

第三章　高等教育政策中的
"大学评价制度"

一、绪论

韩国政府（教育部）与高等教育机构（大学）之间关于评价框架的矛盾是由双方未能达成协议引起的。这基本上源于权威主义模式、上传下达模式的沟通及行政方式。从大学的角度来看，主要发生在招生资源上的急剧减少，以及大学生的生存问题等方面。这就要求政府和大学双方应以合作共赢为基础，进行民主的、公平的治理（governance）与合作。可以说，根据财政支出划分来制定的大学评价体制，正是政府与大学之间存在矛盾的原因所在。

目前，韩国大学的评估是以大学外在的、表象化的定量指标为中心的，单一化、一刀切的方式进行的。国立公立大学与私立大学、首都圈大学与地方大学、普通大学与专科大学、特色大学与非特色大学的本质及其特殊属性被忽略，且排除在评价标准之外。但是在激烈的竞争格局中，公布的大学评价结果却对大学的形象和发展产生了至关重要的影响。

因此，比起改善整体的结构体系，各大学更急于通过短期"处方"，即通过提升评价体系中的各项指标来提高眼前的排名。因此，导致了表面性指标上升和"治标不治本"的副作用，大学间的两极分化正在加剧。

政府与教育部各尽其职，各类教育机构与团体则通过与专家团开展合作（collaboration），应特别关注大学本身自律的特性和优势，这才是提升高等教育质量的必由之路。大学间矛盾出现的最大原因归根结底在于教育部提出的定量指标导致财政拨款方式"一刀切",因此有必要关注到目前为止大学评价中所包含的主要定量指标,即新生招生率、在校生扩招率、就业率、专职教员比例、教育费返还率、学校事务管理及教育课程、奖学金支付率、学费负担缓解情况、法人指标、产学合作力量指数等。其中,加剧矛盾的最直接因素是新生招生率、在校生扩招率。

作为大学入学资源的学龄人口正在急剧减少。2012 年以 69 万名达到最高点后,入学人数持续减少,预计到 2030 年将低至 38 万名(与 2012 年相比,仅为 2012 年的 55%),缺口达到 20 万名。从现在到 10 年后的 2023 年[①],将有 100 所以上招生定员数达到 1600 人的大学面临停办学校的挑战。因此,随着学龄人口的减少,部分大学将面临新生不足的危机。

首都圈与地方大学发展不均现象也会给绝大多数地方大学带来一定的危机。学龄人口向首都圈集中会导致地区间的不均衡发展,进而造成地方教育的"空洞化"。由于各个地区优秀人才纷纷挤入首都圈大学,地方大学的教育与研究力量可能会减弱,地区发展也会失去动力。对比高等教育发达国家的学生人数来看,韩国国内以首都圈为主的著名大学的学生数是发达国家的 2 倍,这一数据令人瞠目结舌。

麻省理工学院(美国)、普林斯顿大学(美国)、耶鲁大学(美国)、香港科技大学(中国)、斯坦福大学(美国)、哈佛大学(美国)、牛津大学(英国)、剑桥大学(英国)、东京大学(日本)等大学平均有七千多人,但浦项工科大学、西江大学、梨花女子大学、首尔大学、成均馆大学、中央大学、汉阳大学、庆熙大学、延世大学等大学平均每所大学有一万六千多人。从国立、公立、大型私立到首都圈大学,韩国所有大学的学生人数减少是不可避免的趋势。

学习生态系统,即大学形态的变化,也是矛盾产生的原因之一。数码电子书的发展势头正在超过传统的纸质版印刷品;实体教室的模式正

---

① 本文写于 2013 年。——译注

在向被称为"网络文本""超级教室"的"远程教室"模式逐渐转变。

现实是,如果世界上首屈一指的名牌大学纷纷通过网络教室进行授课,那么全球将只剩下几所超级大学,不久就会有很多大学宣告结束。《美国利益》(*American Interest*)一书认为,50年内,美国国内4500所大学中几乎有一半会消失,哈佛大学的学生数在十年内反而会超过一千万。

通过网络课堂,不仅可以进行签到和测试,还可以提问、讨论、对话、面试等等。数十万人集体进行教学—学习的"地球村教室时代"正在到来。运用收音机和广播的媒体良性循环而起家的"广播通讯大学",正在成为全新的教学平台的"黑马"。事实上,远程大学的数量增加与高等教育普及率有很大关系。

得益于韩国高等大学设立准则主义及大学自律化政策等,韩国高等教育的规模逐渐扩大,大学的数量大幅增加。2010年高等教育普及率为37%,超过了OECD(经合组织)平均值的28%。特别是25—34岁青年层的高等教育普及率为58%,在经合组织国家中排名第一。但是问题在于教育竞争力。在2010年瑞士国际管理发展学院(IMD)的"教育经历评价"中,韩国在OECD国家中排名最低,位居第36位。

特别是在教育竞争力中,韩国的大学教育被评为弱势,排在第46位。当然,教育财政也亮起了红灯。学生人均教育费在OECD国家中排在第22位,高等教育阶段的民间支出比重也较低,为79.3%(OECD平均为30.9%),应上调至发达国家的水平。

二、大学评价制度的本质

竞争和由此带来的"评价"是大学发展的必要因素。众所周知,"评价"对于组织的构成和发展有着一定的必要性和重要性。个人、部门、机构、团体甚至国家也要成为评价对象,评价结果要广泛应用。评价会影响个人的年薪,以及组织的存废与否,也会成为向被评价者提出理想发展方向的依据。因此,评价的目的必须明确、公正合理,并持续系统地进行。

目前实行的大学评价大致分为五类，包括大学机构及项目评价认证、媒体评价、政府财政分配工作评价、政府财政支持评价、自行诊断及咨询评价等。其中，大学机构及项目评价认证和自行诊断及咨询评价的矛盾并不突出，不会发生大的问题。两个评价的指标体现了大学自身竞争力的优势，因此与财政支持挂钩，成为获得奖励的门槛与条件。至2011年，此项评价已实行一年，并于同年进行了行政决定预告。

如果说由大学教育协会和专科大学教育协会主管的机构评价认证的目的，在于保证大学教育的质量和改善方向，那么项目评价认证的目的则在于追求相关领域的学科优越性，保证培养学生的质量。项目的认证评价共包含八个领域，韩国学校医学教育评价院的医学教育评价认证、韩国工学教育认证院的工学教育评价认证等就是代表性的例子。

表 3-1 大学机构及项目评估认证 [①]

评价类型	评价人（评价主管）	评价时间（频率）	评价基准数			财政支持与否	评价义务	评价结果（应用）
			领域	部门	依据			
机构评价认证	大学机构评价认证（大学教育协会附属韩国大学评价院）	1月至8月4月至12月（2次）	6	17	54	△	×	给予认证资格，运用在政府行政、财政支持
	专科大学机构评价认证（专科大学协会附属高等职业教育评价认证院）	7月至12月（1次）	9	27	72	△	×	
项目评价认证	医学教育认证等八个项目	2月至12月	各项目评价标准			×	×	给予应试资格等

政府财政分配工作评价是为大学教育、研究、产学合作而增加财政支出的一种大学评价内容。目前，为提高教育质量，韩国正在开展教育力量强化项目、本科教育先行示范大学项目（ACE）；为提升研究实力，正在开展BK21 Plus项目（WCU及BK21后续项目）；为促进产学

---

① 韩国大学教育协会，2013年4月。

合作，正在开展产学研合作示范大学项目（LINC）等。

表 3-2　政府财政分配工作评价[①]

评价类型		评价人 （评价主管）	评价时间 （频率）	评价基准数			财政 支持 与否	评价 义务	评价 结果 （应用）
				领域	部门	依据			
财政分配	加强教育力度	韩国大学教育 协会（KCUE）	3 月至 4 月 （1 次）	·	·	8	○	×	财政 分配
	ACE	韩国大学教育 协会	3 月至 4 月 （1 次）	2	6	31		×	财政 分配
	WCU· BK21	韩国研究财团 （NRF）	4 月至 7 月 （1 次）	4	12	28		×	财政 分配
	LINC	韩国研究财团 （NRF）	1 月至 3 月 （1 次）	·	·	9		×	财政 分配

政府财政支持评价是根据学龄人口减少的大学结构调整情况而进行的，即由于学费贷款的管控和限制，它是直接关系到大学存亡的一种评价。目前，政府财政支持评价分为财政支持限制大学评价、学费贷款限制大学评价。政府财政支持大学评价公布各领域排名在后 15% 的大学名单，将其认定为经营不善大学或需要结构调整重点关注大学，引导其自身结构调整，对国家和地方自治团体参与各种财政支持工作进行一定的管控和限制，避免大学招生的肆意扩招，并且管控和限制助学贷款等。

2014 年发布的《政府财政支持限制大学评价纲要》可以概括如下：评价方法的标准是，将各指标的分数进行合算，以总分为基准，确定排在末尾的 15%。即整合首都圈大学和地方大学，整体选出排名靠后的 10% 左右的大学，然后区分首都圈大学和地方大学，再分别确定末位 5% 左右的大学。韩国各市、各道实行政府财政支持限制，各大学的在校生人数不得超过该地区在校生总数的 30% 以上。但近两年内被指定推迟成为受地区限制的大学，或被揭发舞弊和不正之风的大学将不适用

---

① 韩国大学教育协会，2013 年 4 月。

此项限制规定。

韩国的大学评估指标中的就业率、在校生人数等八项指标适用于四年制普通大学，九项指标适用于专科大学。其中，人文、音体美系列的专业在计算就业率指标时被排除在外。积极推进人员裁减将予以加分。但为了医疗保险的等额分配的裁员和行政制裁性的裁员，以及不到1%的人员裁减则不予认定。

教育部主管的最终评价包括自我诊断及咨询评价。这是大学为进行自我结构调整、结构改革而进行的评价，是满足学生、家长、企业等需求者权利的重要评价形式。大学内部评价每两年由大学自行组织一次，咨询评价由韩国大学教育协议会主办，从产业角度评价各领域履行职责所需的核心执行力、科目等。因此，对改善大学教育课程或支持学生开发各类项目有着一定的促进作用。

自1994年《中央日报》以四年制普通大学为对象进行媒体评价以来，《朝鲜日报》—QS亚洲大学评价（2009年—）、京乡新闻大学可持续指数评价（2009年—）、《东亚日报》青年梦想大学评价（2013年—）等媒体也相继开展对大学的媒体评价。媒体评价的最大特点是，将焦点放在作为教育消费者的学生和家长身上，把排名在报纸及新闻上公布，对大学的内外形象均产生巨大影响。这直接影响了新生入学水平，因此可以说，大学对评价结果比较敏感。

在全体大学数量和学生供求尚未匹配的情况下，结构调整迫在眉睫，大学评价也因而成为敏感问题。事实上，政府执行的所有与大学财政拨款相关的项目，例如教育力量强化项目（包括大学代表品牌项目）、世界级职业教育专门大学（World Class College）、大学信息公示制、大学自我评价、机构评价认证制、就业支持力量认证制、以产学合作为中心的大学培养项目、校企支持项目、产学合作示范大学培养项目、海外企业与外国留学生教育示范专门大学培养项目（Global Hub College）、终身教育支持项目等，都与大学评价体系密切相关。

特别是在大学结构调整局面到来之际，教育部于2011年12月提出了《评价指标改善方案》，在一定程度上维持了评估的公正性和客观性，同时使个别项目的特殊性和指标之间的关联性得到和谐发展，并将其运用在大学教育力量强化项目、政府财政支持限制大学等主要的大学评价制度之上。从改善方案来看，就业率、在校生扩招率，以及教员确保率等指标占很大比重。

另外，还根据国立、公立、私立等大学类型的特点，设定部分指标，并区分反映比率。国立、公立大学增加了科学性指标，文体系统还考虑其特殊性，引入伸缩性计算方式等。要想应对今后入学资源减少的问题，成为世界一流水平的大学，评价（自我评价、教育部大学评价）和认证（机构评价认证）无疑是势在必行的举措。但是，高等教育政策的基调只有考虑到大学成员的共生共存和个别大学的特性，保证其竞争力的差异化，才能维持其公平性和平等性，并获得说服力。

三、利害相关者对大学评价制度的认知差异

教育部和一线大学发生认知差异的原因有：短期成果为主的政策导向导致的中长期教育政策规划缺失；行政措施按旧例标准循环往复，缺乏创新性；具备专业知识及系统整合能力的人力资源运用不足；未构建部门间合作体制等。具体来说，可以从制度和评价主体的层面，评价结果的运用层面，评价结果的有效性等层面来分析。

以法令为基础的政府主导评价中，包括以国家持续发展和国民追求幸福的宏观目标而实行的政府财政分配项目、政府财政支持项目。即以结构调整为目的，且具有一定鞭策作用的评价，要慎重、客观、公正。其中，普通大学和专门大学、地方大学和首都圈大学、国立大学和私立大学之间将产生利益冲突。从培养高级专业人才的角度来看，虽然各种教育及研究机构的评估重点是个性化、专业化、自律化，因而矛盾范围相对较小，但如果将评价指标设计成符合某一领域的需求或利害关系，则有可能出现集体利己主义的隐患。

媒体评价侧重于社会口碑、发展可能性等，其重点并不在政府或机构主导评价重视的财政健全性或教育项目本身，而在于教育经济效益、

海外派遣学生比例等加强学生竞争力的层面，包括对学生进入相应大学有一定借鉴或引导意义的真实评价。媒体评价以读者为受众群体，重点关注以客观评价模式为基础的大学发展态势，而不是以引起读者兴趣为目的，这样才能减少争议的可能性。大学应该为此树立学校形象，吸引优秀新生等，发挥自身优势，努力克服缺点。

以下是评价结果的运用。首先，利用大学信息公示资料进行定量评价，用于行政、财政支持及制约等方面。即在政府主导的财政支持、政府财政分配项目评价中，优秀大学将获得教育实力强化项目和产学研合作示范大学项目（LINC）等优惠政策，而对于不达标的大学，将限制其财政支持和学费贷款。

即使如此，如果因为微弱差距成为被限制的大学，矛盾也会进一步加深。因此，有必要对大学信息公示资料是否如实反映该项目的目的和评价指标，进行缜密的分析和完善。总之，大学评价应考虑到政府财政支持项目用于完善教育课程、研究水平的国际化、促进产学合作等方面。"程序评价认证"广泛应用在相关领域的资格考试中，具有"被赋予应试资格"的作用。特别是该领域具有一定的特点和专业性，评价方式相对客观，因此产生矛盾的可能性比较小。

最后，大学评价是保证效率和效果非常必要且重要环节，应当把重点放在确保教育的优越性方面，完善其教育体系。因此，为了可以灵活实行结构调整，财政支持限制大学评价、学费贷款限制大学评价便需要更多的智慧。

在具体评价指标中，产生矛盾的代表性事例就是校长直接选举制（以下简称"直选制"）。国立公立大学新增了包括"改善校长直选制"等在内的国立公立大学科学性指标。对此，全国国立公立大学教授会联合会曾反驳称："教科部试图通过废除校长直选制来控制国立大学。"这是由于虽然使用了"改善"一词，但教科部并没有提出校长直选制的改善方案或任何明确的替代方案，而是给废除校长直选制的大学加分优惠。事实上，作为民主化产物登场的校长直选制在二十多年的岁月中产生了各种积极的影响。但是，因学缘、地缘等形成的派系，根据各种笼络性公约导致学费的提高，选举失败，以及高昂的选举费用等副作用也不容忽视。大学应该通过冷静的反省和自我革新提出对策。如果无法与各种评价，抑或是行政、财政上的惩罚措施联系起来，那么大学就应该主动提出改善直选制的新方案。当然，也有与此相悖的意见。

就像硬币的正反面一样，所有的政策都有其自身的优点和缺点。从过去的校长任用制中可以看出，官员控制为主的大学无法产生具有创意性的成果。也就是说，只有保障教授的学术自由和权威，才能发挥大学的重要作用。因此，也有人认为，与其废除直选制，不如改善直选制的问题点并加以完善。由于直选制导致的恶性事件也将对大学评价造成不利影响，因此应通过彻底的管理，纠正选举舞弊的现象。

就业率指标是最为敏感的评价方式。随着就业率成为一种绝对指标，各种手段与捷径相继出现。例如，很多毕业生通过校内实习成为行政人员，大幅提高就业率排名，在大学评估中名列前茅。只要提高评价指标，不仅可以避免大学结构调整，还可以得到政府的财政支持，因此出现了很多的不正当手段。

另外，虽然以国税厅 DB① 为依据承认"个人创业及自由职业"，但部分人文专业、音体美专业、农业专业毕业生的收入来源不规律，而且稿费等税源无法追踪的情况也很多，因此出现了诸多问题。由于这些系列的收入不高且不规律，所以存在谎报的现象。所以应该考虑到各个系列的特点，采取大学类似专业间竞争的方式，明确就业的认定标准。

例如，应该制定劳动所得税纳税金额的标准值项目、年度工作天数或演出次数等具体而合理的标准。如果只是按照一般的规律实行，没有此类规范的标准，则会对特定的大学、特定的学科造成不公平的后果。

韩国教育部完善了这些问题，增加了三个校内就业率的认定条件，即健康保险参保，雇佣合同期限从原来的三个月改为一年以上，收入达

---

① 韩国的企业年金由雇主进行缴费，主要分为两种类型：确定给付型（Defined Benefit, DB）和确定缴费型（Defined Contribution, DC）。其中，确定给付型（DB）是指雇员的退休待遇预先确定，雇主的投入需要根据投资运作的结果而改变，收益及风险由雇主承担；而确定缴费型（DC）雇员的投入资金固定，雇员自行选择投资组合，风险和收益自担。——译注

到最低工资以上等,完善了校内就业率的计算方式。除了就业率之外,今后还要通过数据来反映大学的就业指导及预算支持等方面的努力和成果。就业是一个社会结构性问题,不能仅靠大学自身的努力来解决,大学单方面对就业率的强求必然存在一定的局限性。因此,要制定综合有效的对策,解决"就业难"的现实。

就业率指标应完善得更加科学合理,以符合就业现实。大学的一己之力是有限的,政府各部门之间也应该高效地协调各方意见,努力解决青年失业的问题。同时,为了培养健全的社会人才,还应重视人性教育的评价,大学的法规性、伦理性等指标也应包含其中。就业需要大学的努力和产业的人力需求供给相结合,才能组合出最佳解决方案,即要促进产学合作。尤其是教育部、劳动部、中小企业厅、地方自治团体等政府相关部门要携手合作。正如大学的人才培养应符合产业需求,从人力供需的角度调整宏观框架才是明智之举。政府各部门应了解各大学是否开设了企业所需的订单式教育课程,并对企业雇用相关专业人才的程度与水平进行评价,进而给予相应的支持。

由各企业单位或地方自治团体来驱动(drive-up)就业的方案也很合理。通过对增加就业机会的企业和积极雇用人力的地方自治团体进行财政支持,自然会形成良性循环的结构。其次,高等职业教育机构也应有"各部门的携手合作促进就业率的良性循环"的研究成果。

另外,"产学合作能力指标"因受到普通大学的反对,只适用于专门大学。虽然在满分 100 分中只占 6 分,但其中蕴含着专门大学的教师应在企业任职的含义。大学教师除了参加教学、社会服务、就业指导等工作外,还要通过校外任职的企业进行一定的创收。大学的主要任务是开发并普及优质的教学内容,通过教育培养专业人才。有人指出,产学合作能力指标的引入是否妥当有待商榷。

四、大学评价制度的改善方向

公共政策在从规划到立项,从实施到运营,从评价到检查,从运转到改善这四个阶段的循环过程中，必然会产生一定的矛盾。这时，消除矛盾的基本方向应以如下解决方法为前提。

第一，公益和个人利益的协调。考虑到韩国高中以私立学校为主，有必要探索出压力和权利一致的公平份额标准（fair share criteria）。第二，提高社会的公平性。应该将大学所具有的特定形态的差异化权利转移给教育需求者——以学生和家长为中心。第三，制度的实行不能以任何一方的牺牲或损失为基础。也就是说，在听取多方意见的情况下，努力达成一致的协议。最后是认知共享的问题。归根结底，矛盾产生的原因在于"我们"，因此需要有"我们的问题"这一共同体意识，以及"为了我们所有人应该做些什么"的共同目标。即只有真正理解对方的权利、义务，以及立场，才能消除矛盾。

如上所述，教育部与一线大学之间的矛盾可以从以财政支持为前提的定量指标的"一律通用性"中找出原因。换句话说，为了解决大学政策执行上的矛盾，可以提出以下基本方向。

首先，要使大学的自主性与社会责任感相协调。高等教育政策要以大学的自律为前提推进，同时要把在全社会形成的大学的公共责任协调地建立起来。在此基础上，还要引导大学最大限度地发挥自己的优势和特点。即大学自主选定具有比较优势的学问领域、功能类型等，集中地区和校内资源，提高竞争力。

从这个意义上，四年制普通大学应发展成为以教授学习方法为特色的示范教育中心大学、追求与地区产业共同发展的产学合作中心大学、与地区产业相连接的研究中心大学，专门大学应发展成为与特定岗位相衔接的机构单位特色大学、与复合领域产业相衔接的学科—本科特色大学、终身职业教育大学等；研究生院应发展成为学位课程类型的特色大学、世界级水平的研究中心大学等。最后是具有全球竞争力、与地区共同发展的大学的全球化战略。这可以概括为通过需求者的参与和沟通强化合作体制。教育部和大学之间认知差异的评估制度存在的问题大致可以概括为五个方面。对于这些问题，笔者还提出了自己的改善方案。

　　第一是短期、短时的评估和应用。即对大学"一年"的业绩进行评估，并将结果用于当年的行政、财政支持和限制项目。使用定量的几个指标来评价一年的业绩，并以此作为行政、财政支持和限制的标准，甚者，给大学贴上差等的标签。因此，大学急于提高短期业绩，而长期规划的发展性改革将难以实现。当然，应该通过一年以上的中长期的缜密调查与分析进行评价，在评价结果的运用上也要有长期的政策支持。

　　第二是所谓的"大学排名评价"。政府层面实行的"综合排名""某某大学上升几个级别"等，属于回避教育本质的极端处方，"一流大学"的偏见仍然存在。在全球理工类高校中首屈一指的麻省理工学院（MIT）和斯坦福大学在音乐和美术领域并不是最优秀的大学。但MIT的电子电气，以及斯坦福的计算机专业则数一数二。排名评价妨碍地方大学拥有其特色。因此，评价应分成不同的专业领域，多方面、详细地进行，评价结果应反馈给被评价者，使其能够提升自身的能力。

　　第三是缺乏客观性和公正性的评价体制。评价的关键在于确保评价方、被评价方、需求方都认同其客观性和公正性，但目前还不能满足。正如前面所说，艺术类、师范类专业因就业率评价而面临困境。这些学科的就业率很难成为客观的评价数据。国际化指标方面，自然学科和人文学科对国际化要求不同，但都采取了同样的标准。因此，要开发和完善就业质量、研究结果的对内对外影响力等多种定量指标。即要对大量的专业人才进行长期评价，实现客观、公正的评价。

　　第四是评价指标统一适用的问题。在评价制度中，存在相互冲突的解释。在这里可以举出"大型讲座"的事例。在强化教育能力的项目中，大型讲座越多分数越低。但是，为了改善这种状况，如果聘用兼职讲师，将大型授课方式改为小型授课方式，改善教育质量，那么专职教师的比例就会下降。在某些评价中，鼓励进行大型授课或学习网络课程（e-learning），而在机构评价认证中，为改善学习效果，则鼓励进行小范围授课。为了纠正这一点，必须对主要指标提出指导性意见。与此同时，需要开发反映被评价者及需求者要求的长期评价指标。

　　第五是大学评价和财政支持的联系问题。目前，教育部将大学评价和政府财政支持项目联系起来，引导大学各项政策在评价中获得高分。事实上，制定并推进符合大学特点的发展计划并非易事。而且，为了管理评价指标，需要付出大量的人力、财力、物力。如果大学成员只为财政支持而全力以赴，那么大学本来的职能和作用就相对被忽视了。因此，应引导大学从选址、设立理念等方面，自主设计研究、教育、服务等该大学特有的职能。

五、结论

根据最近一年的大学教育协会、专门大学教育协会、职业技能研究院、职业技能开发院的成果，以现有的评价体制中出现的问题为中心，整理出能够最大程度减少政府和大学之间的矛盾、最大程度优化大学特点的"21世纪新型大学评价体制"如下。

第一，政府主管的大学评估体系必须得到改善。为提高大学教育的效率，财政支持项目评价要均衡反映教育条件、教育课程、学习成果指标，大学结构改革评价要重点反映大学为积极应对学龄人口急剧减少等高等教育环境变化，而做出的结构性改革的努力。

第二，引入基于大学自主选择的评价方式。在现有的同一指标一律适用方式中，大学应该根据自身发展计划，以所选择的指标为中心进行改编。即所有大学共同适用的普通指标和个别大学考虑自身发展前景及条件的特性化指标并行。研究生院评价中，在计算教师比例、专任教师讲课率、教育费还原率、在校生补充率等数据时，应从本科部与研究生院整体的现状考虑，采取"总量适用"的方式进行评价。

第三，为提高教育质量，改善评价方式。要开发并运用教育课程、学位管理信任度等与教育质量直接相关的指标，定量指标也要并行使用。应该包含可以评价教育质量的多种指标。尤其是就业率，有必要缩小计算比率（15%—20%）；应考虑人文、音体美专业的特殊性，保护相关领域的专业技能。要根据高等教育先进国家的水平，采用大学生核心力量诊断评价、高等教育学习成果评价项目（OECD AHELO）、各学科评价、认证制度等多方面的评价方式。

第四，强化评价体制运营基础。为了向学生、家长等教育需求者提供有意义的评价信息，应该改善信息公告制度。要确保分散在多个项目的公示信息一目了然，量化数据公示项目要通过分析、加工，提高需求者的理解度。例如，按照大学设立运营规定，整合四大条件公示大学现状即可。另外，应该构建国家间学位认证管理及国内外高等教育机构信息管理体系，共享优秀案例等。这样一来，通过国家及资源的多样化，将有助于扩大海外留学生数量，同时推进质量管理。应对跨文化、老龄化社会对终身教育的需求，应构建学习—雇佣教育福利的良性循环体系。

同时，大学内部应利用自身评价、评价认证等制度性机制，实现产业需求所要求的教育课程务实性，以及品质的升级。与此同时，与职业教育先进国家不同，在以私立学校为主的高等教育体制中，还要创造以教育需求者为中心，以伦理道德为基础的良好环境。

第五，扩大对高等教育的财政投入以及民间各部门的参与度，以促进大学评价体系的"软着陆"与良性循环。扩大 1.1% 的高等教育财政GDP 是新政府的大选公约，也是国民舆论所认同的。不仅要扩充对学生的直接支持额度（国家奖学金），还要扩充高等教育财政支持总量。第一阶段，为了确保稳定的财政投入，要在政府一般性预算账户上设定教育财政支持（GDP1.1%）项目，第二阶段制定《高等教育财政拨款法》。特别是，为了创造专门职业群，需要国家层面的大规模财政支持。为此，国家至少应该对通过评价认证为竞争力强的大学进行实质性的财政支持。在高等教育机构中，对职业教育专科大学的投资尤为紧迫。

美国总统奥巴马从 2010 年开始在美国相当于韩国专门大学的社区学院环保领域进行了十多年的 13 兆韩元的破格财政投资、融资的事例值得关注。总而言之，只有将专门大学财政支持水平提高到目前的十倍（这是普通大学规模），才能创造可持续的职业需求。与此同时，还要扩大民间部分助学金支持等参与幅度。应该构建与国家奖学金相关的大学生助学基金、民间部门子女奖学金支持、校友会奖学金支持、民间奖学财团奖学金支持等结构。为此，在民间部门奖学金支持上，应该引进并推进减免法人所得税的方案。

（2013 年）

论坛　大学评价制度的问题与改善方案

　　主持：全南道立大学教授韩康熙（专门大学）

　　出席人员：韩国国立大学教授李东亨（国立大学），高丽大学教授姜善宝（私立大学），京畿水原科学大学教授吴永焕（专门大学），济州大学教授李昌俊（国立大学）。

韩康熙：随着韩国教师团体总联合会下属的大学教授会的成立，我认为举行这样的座谈会具有重要的意义。最近大学评价指标成为大学的成员们最关心的事情，对于给定的主题，希望大家能够站在所属个别大学的成员的立场上提出意见。首先，从教育科学技术部的大学评价指标改善方案来看，就业率、在校生总人数、教师比例等指标占很大比重。对此，有很多忧虑的声音，我认为公立、私立、专门大学等个别大学存在立场上的差异。请对各自大学的评价发表意见。

李昌俊：我认为这些指标都是运营大学时非常重要的指标。但是，首先应构建良好的教育系统，使得学生在大学学习知识和经验，进入社会后，可以立即在岗位中应用，然后再讨论质量评价是否反映就业率的问题。大学虽然也在为满足企业的需求而做出各种努力，但确实还没有跟上社会的要求。我认为这一点是大学应该反省的地方。

李东亨：大学评价的目的是为了进行大学结构调整，从应对入学资源剧减的软着陆角度出发，可以给予一定程度的肯定。但是，考虑到高等教育的本质——教育、研究、服务和地区均衡发展的大命题，现在的评价指标过于偏向于就业率等市场经济主义框架，从今后高等教育的百年大计来看，因小失大的可能性很大。

韩康熙：从专门大学的相关项目来看，大学评价将从这次评价开始区分国立和公立。但是在146所专门大学中，国立和公立大学只有8所。在这种情况下，国立和公立的专门大学处于高等教育的盲区。财政投入不能正常进行，财政支持项目也以人数规模分配，而且只有私立大学的一半。但是，如果按照改善方案对私立和公立进行区别评价的话，在只占5%的公立大学中，可能会出现一两家被完全排除在外的问题。因此需要科学、合理地补充与完善。

姜善宝：从此次评价指标来看，努力弥补了一直以来备受争议的大学评价损害了"大学的自主性和特性化"的部分，这一点值得肯定。但遗憾的是，目前还有一些指标可能对地方大学等特定大学产生不利影响，因此有可能引发公平性及平衡性的争议。大学教育力量强化项目的教师比例指标中包含兼职及特聘教员固然有积极的一面，但也存在大学减少为保证教师比例所做的努力的可能性。因此，有必要对其数量或比例施加一定限制。另外，在基本计划中，增加了"满足家庭收入七级以下才可以申请国家奖学金"的标准，以减少资助金额。但调整国家奖学金的指标与已经确定的减轻学费负担的政策有所违背。"满足家庭收入七级以下"就是最具代表性的不合理条款。我认为，作为国家奖学金支持对象，根据家庭收入多少来划分支持金额，与加强教育力量支持项目的宗旨没有关联性。

吴永焕：作为高等教育机构，对人性教育和礼仪教育实施的评价或大学的守法性、伦理性也应包括在重要评价项目中。我认为，如果因注重就业率和在校生满员院率等业绩评价而破坏或轻视更重要的大学教育本质，那么主次关系就会发生变化。教授应该注意不要作为实现就业率、淘汰率等的手段被过度利用。

关于教育力量评价，国立公立专门大学受到各种支持和帮扶，存在教育条件的"富越富，贫越贫"的现象。教育财政资源应该分配到参与高等教育的地方专门大学、私立专门大学，让他们也可以享受到优惠政策。另外，选拔具有专业性的人才作为评价专员，在方法论上也需要不断改善评价方法。

（2013 年 5 月）

第四章 终身职业教育体系的构建及其影响

一、绪论

1. 研究的必要性

大学教育被称为继小学教育（Primary Education）、中等教育（Secondary Education）之后的第三阶段教育（Tertiary Education），或中等教育之后的高等教育（Post-Secondary Education）。韩国的大学同时存在高等阶段教育（Higher Education）、高等职业教育培训（Higher Vocational Education Training）、继续教育（Further Education）领域。在大学教育中，扩张职业教育领域且重视其作用的趋势是世界性的现象。韩国的职业能力开发教育体制以职业教育和职业训练为两大支柱。如果说以专门大学、产业大学等教育机构为中心的职业教育是其中一个轴心的话，那么韩国科技大学、大韩商会的人力开发院等公共培训机构和培训法人、雇佣劳动部指定的机构等民间训练机构为中心的职业训练则是另一个轴心。

韩国虽然以正规教育（Initial Education）为中心，在人才培养方面做了很多努力和投资，但在在职者、离职者、退休者、未就业者等人力资源开发上存在疏忽的一面。在确保正规教育的优越性的基础上，后期高等教育或第三阶段教育等可以通过终身教育去学习基础技术，但是考虑到知识、技术发展的变化速度，在职者、离职者、退休者、未就业者群体对特定熟练（Specific Skills）的职业教育要求正在增加。若是忽视了这些需求人群的职业能力发展要求，就很难确保整体的职业竞争力。这意味着职业教育与专门大学、企业之间的联系要更加活跃。

作为高等职业教育中心机构的专门大学如何以在职者等成人学习者为对象，开展终身职业教育且能发挥其作用，是当下韩国迫切需要解决的问题。在知识型基础社会中，为了提高国家竞争力，专门大学单纯以学龄期正规学生为对象进行学校教育是不够的，应通过在学校内外进行的各种形式的职业教育，实现从学校毕业后上班也能够持续学习。以学龄期正规学生为对象的学校教育体制要转变为终身职业教育制度。设立终身职业教育大学的最终目标是适应以终身学习为基础的终身职业教育时代，在现有学位课程的基础上，为包括成人学习者在内的具有多种就业机会的受众群体提供非学位课程，提高职业教育的协同作用。

随着知识社会的转换以及技术的急速发展，人力资源开发将可以通过学龄期的正规教育和职业教育培训之间的持续过渡（Transition）而实现，所以对于想要学习的人来说，终身学习及提供终身职业教育的机会具有重大意义。因此，考虑到终身职业教育的重要性，有必要将专门大学转型为自由出入、随时可以掌握最新技术和知识的未来型高等职业教育机构。

大学被要求成为与地区经济及社会密切互动和发展的开放的体制（Open System），为此需要营造大学与社会（企业、地区社会、成人学习者）相遇的条件和场所。同时，还要构建高等职业教育良性循环的职业教育生态系统，要求大学为成人学习者的终身自我开发，以及提高持续性职业能力做出建设性贡献。

OECD（1996）为所有人提供终身学习（Lifelong Learning for All）的核心有以下四个方面的关键点：让终身学习的正规教育（Initial Education）和成人学习（Adult Learning）之间均衡发展，实现终身学习；学习成果可以反映在劳动市场并加强联系；终身学习相关利益当事人的作用和责任；通过对劳动者和雇主多样化的政策支持，促进对终身学习的投资等。

随着世界各国的普通教育和职业教育之间的界限逐渐减弱，学术教育项目和职业教育项目之间的二分法也逐渐消失，需要混合两者的新型职业教育也是一种趋势。[①] 这意味着现有的学术项目与市场需求之间的联系越来越紧密，高等教育得到普及的同时，高等职业教育也正在发展壮大。

随着知识型社会的发展，优秀的人力资源的重要性比任何时候都大，故而在国家和社会中，高等教育机构在提供国家发展所需要的学术、技术资源和人力资源方面的作用尤为重要。[②] 因此，为了维持韩国国民终身学习知识的机会及个人雇用的可能性（Employability），有必要实施通过将传统的教育体制转换为终身职业教育体制的职业教育。

尤其在以知识为基础的社会，为了确保国家层面的竞争力，有必要摆脱以学龄期学生为对象的正规教育，激活由学校内外的非形式或无形式教育等组成的多种形态的终身职业教育。另外，通过这种形式的教育，建立可持续学习的终身职业教育体系，确保学生从学校毕业后在工作过程中也能继续学习。

为了培养知识型社会所需要的高素质人才，特别是针对在职人员与成年人终身职业能力的发展，有必要建立具有发达国家水平的、灵活的高等职业教育学制（罗胜一等著，2012；朴东烈等著，2007；郑哲勇，2010）。[③] 终身学习社会的到来使得教育需求者的需求更多样化，未来职业世界要求更高的专业水平，要求对高等职业教育学制进行全面

[①] 韩崇熙:《终身学习社会的职业教育培训体系改革方案研究》，教育科学技术部，2012年。

[②] 郑哲永:《海外高水平高等职业教育机构现状调查研究》，韩国专门大学教育协会，2010年。

[③] 罗胜一、金镇旭、张贤真、权圣焕:《终身学习社会中的高等职业教育学制发展方案》，韩国专门大学教育协会，2012年。

朴东烈、崔东善、李柄旭:《人力资源开发与未来型学制》，韩国职业能力开发院，2007年。

郑哲永:《海外高水平高等职业教育机构现状调查研究》，韩国专门大学教育协会，2010年。

改革。

因此，为了满足时代及产业的要求，需要培养能够同时进行工作与学习（Work to School）的学习者，以及符合产业需求的终身职业教育大学。即将部分专门大学以学位课程为中心的教育体制转变为以成人为中心的100%模块式实务型教育课程——以非学位课程为中心的终身职业教育制度。更具体的是，为了新就业者、再就业者及创业者，开发国家职业能力标准（NCS）基础教育课程及构建模块式运营体制，将专门大学转变为以产业体量身定制、以雇佣为中心、以工作岗位为中心的创造型高等职业教育制度。为了形成与国民生活、工作和学习相联系的专门大学终身职业教育基础，需构建"职业高中—专门大学—产业界"的连续教育的职业教育体制。

另一方面，在强调专门大学终身职业教育重要性的情况下，政府为使国家政策性课题提出的"终身职业教育大学"的成功履行，需要制定详细的方案。通过终身职业能力引领大学培养方案[①]，专门大学的终身职业教育功能改善方案[②]等，确立了培养支持终身职业教育大学的必要性，了解了国外的具体案例，形成了人才培养项目的基本运营方案。因此作为后续研究，为了使国家政策性课题可以成功履行，有必要制定与现有专门大学不同的终身职业教育大学的教育课程、学士管理和系统等各要素的具体运营模式及职能方案。

2. 研究的目的及内容

本研究旨在确立终身职业教育大学的运营模式及作用。具体研究内容及范围如下。

- 终身职业教育相关法律分析
- 普通大学及专门大学、韩国科技大学等高等教育机构终身职业

---

①　李正彪、朴允熙、金炯来：《终身职业能力示范大学培养方案》，韩国专门大学教育协会，2013年。

②　郑泰和、金贤洙、尹炯焕：《专门大学终身职业教育职能改革方案》，韩国职业能力开发研究院，2013年。

教育运营现状分析

- 国外专科院校终身职业教育运营现状分析
- 终身教育及终身职业能力项目运营的成功原因及限制因素分析
- 终身职业教育大学的运营模式及作用解析
- 终身职业教育项目的开发及运营方案
- 终身职业教育大学选定的标准及方法，评价指标的开发，预算支持的规模及方法，后期管理方案，成果管理，以及质量管理方案等规划

3. 研究方法及研究顺序

根据本研究的目的——"终生职业教育大学运营模式及作用解析"，各研究步骤的主要研究内容与方法，以及研究程序的详细内容如下。

表 4-1　各研究步骤的研究内容及研究方法

研究步骤	研究内容	研究方法
韩国及国外大学终身职业能力项目运营现状分析	• 普通大学、专门大学及韩国科技大学等高等教育机构的终身职业运营现状分析 • 国外专科院校终身职业运营现状分析 • 终身职业能力项目运营成功的原因及限制因素解析 • 从研究综述（终身职业能力引领大学等）中获得的启示	• 文献分析 • 案例分析及标杆分析 • 专家协会
终身职业教育大学运营模式及作用解析	• 终身职业教育项目的开发及运营方案 • 机构与网络建设及运营方案 • 构建职业教育系统与支持系统，确定运营方案	• 文献分析 • 专家协会 • 相关人员研讨会
终身职业教育大学评选、运营及管理方案	• 选定的标准及方法、评价指标的开发、预算的规模及方法、后期管理方案、成果管理及质量管理方案等	• 开发研究 • 专家协会 • 相关人员研讨会

（1）文献分析

文献研究以整理终身职业教育大学运营模式及作用的基础资料为目的，通过分析相关文献，考察韩国及国外大学终身职业能力开发项目，

以及相关高等教育机构的运营模式及作用。为此，将教育部等政策资料，韩国专门大学教育协会、韩国职业能力开发院、韩国教育开发院、国家终身教育振兴院等高等职业教育相关研究报告及内部资料，相关机构的网站资料以及各种统计相关数据库资料进行汇总整理。

（2）案例分析及标杆分析

为了获得终身职业教育大学的运营模式及作用的基础资料，分析国内外相关事例，并加以借鉴。韩国国内案例对国家终身教育振兴院主管的终身学习示范大学、终身学习中心大学以及以其他在职人员为中心的职业能力开发项目等进行了分析。国外案例以英国、澳大利亚、日本、芬兰等主要发达国家案例为中心进行考察，重点分析了个别国家在高等职业教育中终身职业能力的开发作用。

（3）开发研究

为了实现终身职业教育大学的运营模式，以文献考察、案例分析和标杆分析为基础，得出运营模式（方案），并通过数次研究团队会议、专家协议会及讨论等确保可行性，并最终确定运营模式。

运营模式以选定的标准及方法、评价指标的开发、预算支持的规模及方法、后期管理方案、成果管理及质量管理等具体方案为中心。特别是在选定规模及程序、学校事务管理方面，研究团队研究优化事前调查的草案，得出最终的方案。根据终身职业教育大学的特性，在分析专门大学的评价指标、类似项目的评价指标等基础上，对评价指标、后期管理、成果管理等进行开发。

（4）专家及相关人士研讨会

专家协会是为了探讨研究组开发的运营模式及作用而成立的。专家协会由专门大学相关人士、政府部门相关人士、学界专家等组成，收集来自各领域专家的意见。专家协会的主要工作内容是以对终身职业教育大学的作用和运营模式等的研讨及征求意见为中心，特别是以探讨研究团队开发的运营模式（方案）的合理性为中心。这些研究得出的意见和方案的探讨意见，将通过研究团队综合后最终反映在报告书上。

为了考察由研究团队开发，以及专家协会修改完善的终身职业教育大学运营模式的可行性及适用性，相关人士研讨会成员由终身职业教育大学候选专门大学相关人士组成。充分利用韩国专门大学教育协会会员大学相关人士及机构运营的研讨会等环节，为各类相关人士提供参与、交流意见的机会。

4. 用语的定义和相关法律

（1）终身职业教育

"终身职业教育"（Lifelong Vocational Education）一词目前在理论界还没有完全确立。对终身职业教育的定义超越了单纯的定义层面，是一种包括对终身职业教育的教育哲学内涵的衍生概念。

这里则是将焦点放在专门大学职业教育上，定义为"学习者为提高职业能力和开发经验，不仅通过正规教育，还可通过非正式教育、非正规教育等随时随地掌握最新职业知识、技术及素养，提高职业专业性（履行职责能力）的一系列再教育及继续教育"。

• 终身教育（Lifelong Education）:《终身教育法》规定，除学校正规教育课程外，包括学历完善教育，成人基础教育，文字理解教育、职业能力提升教育、人文教育、文化艺术教育、市民参与教育等各种形式的组织性教育活动。

• 职业教育（Vocational Education）：在广义上是指为准备就业或维持和改善目前的工作而执行的正规学习或非正规学习。协议中的职业教育是指要求学历在学士学位以下的职业教育。[①]

• 正规教育（Formal Education）：在高水平制度化的情况下，根据年龄从小学到大学阶段授予学位的等级教育制度。

• 非正规教育（Informal Education, in the company）：非正规学校的组织性、系统性教育活动，以特定群体为对象提供特定目的的学习教育。

• 非正式教育（Non-formal Education, in the daily life）：个人通

---

① 李正彪，《韩国终身职业教育的现状与课题》，第1–28页。

过日常经验而获得的终身的知识、技术、态度和洞察力的过程。

郑泰和等①以对 UNESCO Institute for Education②和 UNESCO③的研究为依据，将终身职业教育定义为"社会内任何人、任何时候、任何地方都为了维持雇佣可能性（Employability）而参与的正规或非正规教育"。

（2）职业教育大学

终身职业教育大学（Lifelong Vocational Education University）是指"以需要提高职业专业性的全体国民为对象，将劳动生活中的知识提高到最新水平，为发展针对性职业能力提供终身职业教育的高等职业教育机构"。

• 从 2014 年开始，选拔并运营特性化新形态专门大学，指的是学位、非学位（非正规课程）综合的新型终身职业教育专门大学。新形态是指大学内部和外部系统发生变化，为成人及地区服务的大学重新构建体制。

• 学位课程（以学龄期为中心的教育课程）和非学位课程（学习者短期学习成果的累积）的整合，包括物理整合以及化学整合，核心是如何积累以成人、在职者、未就业者为中心的学习成果并得到社会的认可，以及为扩大与正规课程相关的职业及工作执行能力的国家职业能力标准（NCS）基础教育课程的开发及运营。

（3）相关法律法规

对于专门大学的终身职业教育学院，需要制定和修订相关法律法规。相关的法律分别有《高等教育法》《终身教育法》《学分认定法》《自学获得学位法》《劳动者职业能力开发法》《职业教育训练促进法》《产业教育振兴及产学研合作促进法》等。

与《美国高等教育法》（Higher Education Act）要求大学进行社区

---

① 郑泰和、金贤洙、尹炯焕:《专门大学终身职业教育职能改革方案》,韩国职业能力开发研究院,2013 年。

② 教科文组织教育研究所:《转型期的职业教育：七国终身职业学习课程研究》,1988 年。

③ 教科文联合国教科文组织:《关于职业技术教育的修订建议》,2001 年。

服务活动及成人教育形成了鲜明的对比，韩国《高等教育法》与正规教育课程对成人教育、职业教育等理论缺乏详细规定，主要以约束为主。

二、终身职业教育体系的环境分析

（1）终身教育的机构数

终身教育机构一共有 3768 个，项目共计 178971 个，学习者有17618495 名，教师、讲师及职员各 71676 名，17888 名。机构中以远程教育（23.5%，887 个）为最多，幼儿园、小学、初中（0.3%，10 个）为最少。其中，流通企业占 33.8%（60493 个），而学习者的远程教育最多，占 77.6%（13669575 名）。2011 年，各机构以远程教育最多，为33.2%（60789 个）；2012 年流通企业（33.8%，60493 个）超过了远程教育（26.9%，48162 个）。

（2）引进职业教育大学时的制约因素

韩国的终身学习是从 2001 年开始，以韩国终身教育振兴院为中心推进的终身学习城市建设项目和模范终身职业教育大学项目，在引进职业教育大学过程中，可能会出现一些问题。

• 终身学习城市建设项目是为了活跃各地区的终身学习，从 2001年开始持续进行的项目，旨在由市、郡、区自治团体构建地区内学习资源间的网络，激活地区居民终身学习，谋求地区社会变化和政策事业的发展。因此，在初期引进模范终身学习职业教育学院项目时，将会因为项目的重复性和差别性的问题而面临很多困难。

作为政府的支持终身职业教育大学的前提条件，私立专门大学能否从大学经营的角度出发，接受大学编制缩减 50% 是非常重要的问题。针对韩国国内首次尝试的以 1—4 年为单位的自主学期制和时间登记制等的巨大变化，大学需要仔细兼顾是否能够积极、有效地实行。在招生和独立经营都很优秀的首都圈大学，有可能因为难以预测项目的效果而在实施中有所回避，而在招生条件恶劣的地方小城市大学，终身教育大学可能会出现实施不力的情况。因此，在引入终身职业教育大学模式时，需要政府层面有坚定的意志和果断的预算投入，向参与的大学提供奖励，并首先对终身职业教育的潜在需求进行预测评估和详细分析。

表 4-2 终身教育机构情况 [①]

（单位：个）

机构分类		机构数	项目数	学习者数	讲师数	职员数
总计		3768	178971	17618495	71676	17888
学校	幼儿园、小学、中学	10	59	1390	54	27
	大学（研究生院）	403	26920	845860	15825	1881
	小计	413	26979	847250	15879	1908
远程教育		887	48162	13669575	13434	6487
企业	流通企业	320	60493	991126	17548	1137
	产业体	37	1340	45784	687	289
	小计	357	61833	1036910	18235	1426
社会团体		495	5497	186712	3602	1385
媒体机构		494	4520	134454	3110	1215
知识、人力开发机构		727	13108	840451	8527	3499
终身学习中心		395［33］	18872	903143	8889	1968

终身教育机构数量在总体上增加，但是项目数及学习人数有所减少。终身教育机构数从 2007 年的 2221 家增加到 2012 年的 3768 家，并且每年都在持续增加。而项目数及学习人数同比分别减少了 3873 个，11302285 名。

---

① 教育部、韩国教育开发院（2013）:《终身教育统计资料集》。

表4-3 各年度终身教育机构情况 [①]

（单位：个）

年度	机构数	项目数	学习者数	讲师数	职员数
2012	3768	178971	17618495	71676	17888
2011	3591	182844	28920780	69016	16746
2010	3213	160249	27026042	64605	15491
2009	2807	136123	22454539	57177	12873
2008	2620	107349	11403373	55292	10046
2007	2221	100989	10124305	68221	7214

注：学习者按项目计算，不论各项目是否重复登记学习者。

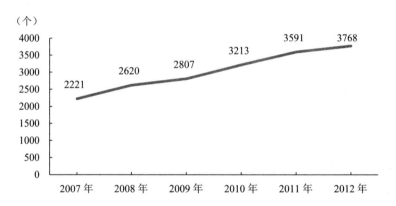

图4-1 各年度终身教育机构数发展趋势

终身教育机构数为3768家，相比较2011年增加了4.9%（177家）。

附属的幼儿园、小学、初中，以及知识、人力开发机构减少了，但其他类型的机构每年都在增加。附属的媒体机构为494家，从2007年开始持续增加，与2011年相比，增加幅度最高，达到了31.4%。远程教育也在逐年增加，在2010年以后占最大比重。

① 教育部、韩国教育开发院（2013）：《终身教育统计资料集》。

表4-4　每年各类型终身教育机构情况 [①]

（单位：个，名）

机构分类		2012 年	2011 年	2010 年	2009 年	2008 年	2007 年
总计		3768	3591	3213	2807	2620	2221
学校	幼儿园、小学、中学	10	11	12	11	12	9
	大学（研究生院）	403	397	388	380	378	375
	小计	413	408	400	391	390	384
远程教育		887	853	781	674	611	502
企业	流通企业	320	291	267	239	205	181
	产业体	37	37	31	29	39	26
	小计	357	328	298	268	244	207
社会团体		495	461	386	275	244	166
媒体机构		494	376	203	107	92	78
知识、人力开发机构		727	774	761	713	681	570
终身学习中心		395	391	384	379	358	314

从机构特性来看，职业能力开发培训机构为1048家，入学考试相关机构为106家，实行登记学分银行制的机构为377家。

职业能力开发培训机构主要以知识、人力开发机构（316个，30.2%）居多，这是因为知识、人力开发机构大多运营着与企业和劳动部相关的项目。在入学考试相关机构中，附属大学（34个，32.1%）和远程教育（45个，42.5%）居多，实行登记学分银行制的机构中，附属大学（225个，59.7%）和远程教育（105个，27.9%）居多。这是因为附属大学（研究生院）及远程教育机构运营着接受学分进修以获得学位资格的"学分银行制"项目。

---

① 教育部，各年度教育统计。

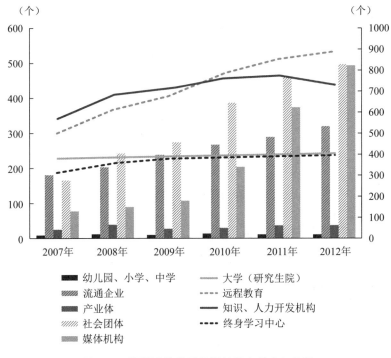

（个）　　　　　　　　　　　　　　　　　　　　　　　　　（个）

图 4-2　按照设施类型分类的终身教育机构数

三、终身职业教育体系的运行模式与课题

（1）终身职业教育大学运营模式

终身职业教育大学通过开发符合需求的职业能力，将培养创造经济先导人才作为其发展目标。为实现这一目标，将构建以运营模块式实务型教育课程的非学位课程为中心的终身职业教育体制。作为推进战略，努力实行：①体制改革；②教育课程改革；③教学体制改革；④对学校与学生的支持；⑤构建网络体系与成果管理。为实现这一目标，将设置包括教育部和雇佣劳动部在内的政府部门、韩国专门大学教育协议会、专门大学、各地区相关机构。

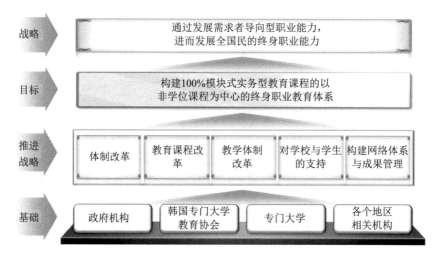

图 4-3　终身职业教育大学规划体系图

　　终身职业教育大学以包括地区社会学习者在内，以及学龄期学生在内的高中为对象，通过与地区产学合作运营。终身职业教育大学包括以成果为中心的非学位课程和课程为中心的学位课程。各个地区通过就业、创业过程、获得资格证过程、自我开发过程等，参与非学位课程，而高中则通过职业教育课程参与非学位课程或通过正规课程升学。地区产业企业可通过终身职业教育大学实施再就业、职业转换教育、产业委托教育等，培养终身职业需求型人才。

　　终身职业教育大学的推进体系以教育部、雇佣劳动部为中心，包括多个部门、研究机构、相关产业等。教育部作为该项目的负责部门，特别是通过与专门大学政策科、终身学习政策科、终身职业教育政策局等部门的合作，可以使专门大学乃至终身教育中心机构发挥其作用。雇佣劳动部通过与教育部的联系及合作，向学习者提供包括学费在内的多种支持。此外还有以咨询模块式教育课程运营的韩国职业能力开发院、支持先行学习经验认证制（RPL）运营的国家终身教育振兴院，以及委托学习者进行教育、支持以就业为中心的教育课程的相关产业单位等。

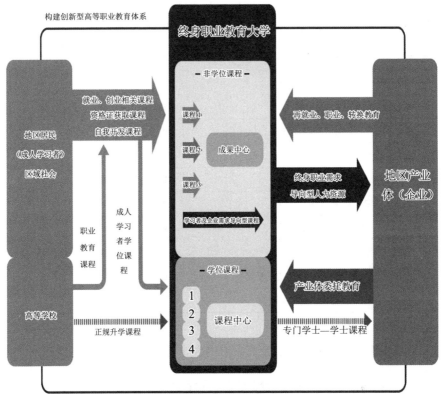

图 4-4　终身职业教育大学运营体制

（2）推进终身职业教育大学建设需要解决的课题

终身职业教育大学的选定及运营推进课题包括从选定到运营、成果管理及法令修订等共 14 个层面。另一方面，各课题根据其性质，政府、大学、学习者等主要推进主体可能会有所差异。

表 4-5　主要课题的推进主体

区分	政府	大学	学习者
1. 根据终身职业教育需求的大学评选	●	◑	○
2. 为终身职业教育而进行学校体制改革	◑	●	○
3. 为运营学位、非学位课程而进行学生定员改革	●	●	○

续表

区分	政府	大学	学习者
4. 改革注册及学费计算方式	◐	●	○
5. 运营模块式教育课程	◐	●	●
6. 执行 RPL 制度	●	●	●
7. 运营学位、非学位课程教育项目	◐	●	◐
8. 运营以职场为中心的教育项目	◐	●	◐
9. 改进教学方法，反映实际操作	◐	●	◐
10. 大力支持终身职业教育学校	●	◐	○
11. 大力支持终身职业教育学习者	●	◐	◐
12. 构建网络	●	●	○
13. 确保终身职业教育质量的成果管理	●	●	◐
14. 修改终身职业教育大学的相关法规	●	◐	○

课题 1　根据终身职业教育需求的大学评选

终身职业教育大学作为高等职业教育机构，反映了以培养专门职业人才为目标的先进的职业教育趋势，体现了现阶段专门大学存在的意义。

终身职业教育大学反映了在"铁饭碗"概念变得模糊的终身学习时代、终身职业教育时代，对专业技术的再教育、继续教育、扩大教育、生涯教育等终身教育的需求趋势。

根据社会成员的多种期待和关注度，以及维持雇佣关系的可能性相匹配，引入相应的发达国家型高等职业教育制度并灵活运用。

课题 2　为终身职业教育而进行学校体制改革

将大学学士体系改为终身职业教育体系。由于现有的大学附属终身教育院存在着局限性，为了向终身职业教育体系转换，需要在大学内设立专门部门，以相关部门为中心进行全面的结构调整。

为了实现终身职业教育，将现有大学改革为以学士处（教务处）为中心的运营体系，推进大学校规等各种规定制定及修改。推进为符合青年未就业者、在职者职业能力的提升，中壮年的职业转换，以及再就业者、老龄学习者等人群的学习需求的终身职业教育体系的改革。

课题 3　为运营学位、非学位课程而进行学生定员改革

对于终身职业教育大学的评选，随着现有正规学位课程的减少，新设立的终身职业教育大学以调整非学位课程学习者名额作为原则。名额调整的核心是减少正规学位课程的新生，确保非学位课程的学习者人数至少是其 2 倍以上。

根据定员调整，国家层面支持方案的首要目标是，通过吸引非学位学生来确保相应大学正规学位课程人员缩减造成的财政损失。与此同时，根据非学位课程的教育项目特性，讨论支持教授（讲师费）和学习者（学费）的方案。

设立终身职业教育大学的最终目标是，适应以终身学习为基础的终身职业教育时代，在现有的学位课程中增加非学位课程，灵活运营包括学习者在内的各种就业机会要素的非学位课程，提高职业教育协同效果。

课题 4　改革注册及学费计算方式

改革注册方式，最大限度地为学习者提供时间和空间上的便利。为提高成人学习者的职业素养，为转业者及创业者提供时间制及学期制注册等学费计算方式。

为学习者准备学位课程或非学位课程，推进时间制或学期制等多种注册方法。支持利用有线、无线网络，利用手机、电脑等电子设备，进行注册、申请听课、成绩管理等各项注册及学校事务管理。

改革成人学习者的时间制及学期制和注册的学费计算方式。引入示范性自主学习进修认证制及每学分注册制，推进时间制注册制等，大学自主计算时间制及学期制学费。针对时间制学习者，可采用计时听课收费方式，推进成人学习者授课需求多样化。

课题 5   运营模块式教育课程

终身职业教育大学的教育课程不是以全日制学生为中心的课程，而是通过模块式教育课程，学习者可以进修自己需要的科目。

开设课程时，以 NCS 及能力单位要素为基础编制课程，并完善教育课程，使学生能够在现实中学习相应职业所需的能力。终身职业教育大学通过运营 NCS 基础教育课程，筛选出学习者所需的能力课程进行学习。

NCS 基础教育课程改革如图 4-5 所示，通过地区环境及产业要求分析和相应职业的 NCS 进行实施。

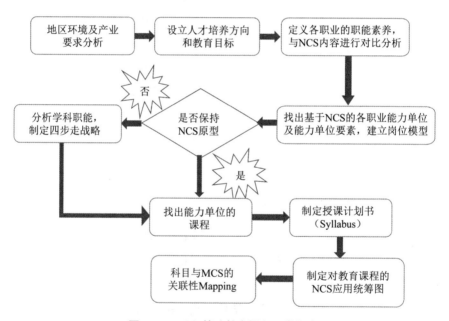

图 4-5   NCS 基础教育课程开发程序

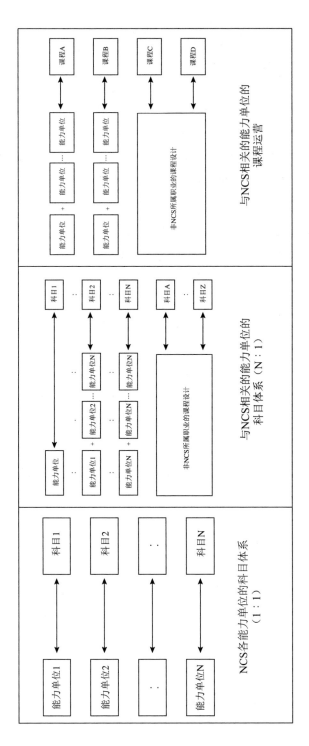

图 4-6　使用 NCS 的能力单位来组织科目及课程

课题 6　执行先行经验学习认证（RPL）[①]制度

学习者通过模块试听自己需要的特定科目，有助于提高职业能力。但是为了形成系统学习的效果，在相应岗位上形成一个完美的能力群，还需要另外的认证标准。

为此，有必要引进以 NCS 为基础的 RPL 制度，积累并管理终身学习成果。构建终身学习成果及现实经历认证体系。

通过运营 RPL 制度，现场实践的能力被认可。

在一定学分范围内，企业单位积累的职业经验在教育评价上可被认定为进修成果。前提是学分进修制要在不妨碍专门大学教育质量的情况下进行。

将学分设定为毕业所需学分的 1/4。但是，因入伍或服役而休学的人，通过远程授课获得的学分，每学期 6 学分，每年 12 学分以内才可被认定。

课题 7　运营学位、非学位课程教育项目

为学习者运营灵活的学位、非学位课程教育项目：

加强产业链技术发展带来的与劳动市场的联系，运营提高成人劳动者职业素养的教育项目。

开设专门接收符合社区和大学条件的学生班级，实行混合班、正规班，以及时间制学分银行制。

按年龄阶段、扩大各阶层参与终身教育的机会：

百年国家终身学习体制作为国家政策性课题，其中的一项重要内容就是为各个职业生涯周期、各个阶层的学习者提供有助于就业的终身教育项目，将韩国终身学习参与率提高到 OECD 平均水平（40.4%）以上。

加强各地区运营终身教育中的大学的作用：

利用大学拥有的人力、物力，以及基础设施，开发符合地区需求的

---

①　Recognition of prior learning，对当前或过去所掌握的学习知识以及工作经验进行全面评估，从而获得与其相关领域的资格认证。——译注

特色终身教育项目。例如，统营市—庆尚大学运营的统营累计工匠课程（非学位）等教育项目。

通过加强大学与地方自治团体—市、道教育厅—地区的终身教育机构之间的联系，扩大大学在地区中终身教育的作用。

通过联系、合作、交换、共享各部门的项目、人力资源、学习信息等，提高地区的社会终身学习资源利用率。

课题8　保障以实践为中心的师资队伍

我们有必要正视，将大学教授等同于学者或研究者的固化的传统认知，导致与现实世界联系较弱的事实。

因为学习者拥有丰富的正规或非正规教育经验、职场经验、生活经验，因此我们需要有个人经验、生活经验且具有丰富的授课经验和实践经验的教授。

摆脱过去第一代的单一型职场生涯计划，以及第二代的循环型职场生涯计划的教育现状，现在需要的是工作、闲暇时间与所有人生阶段同时连接的第三代混合型职场生涯计划。

终身职业教育大学的核心是直接面对学习者的教育。对此，教授不仅仅要发挥授课者的作用，也要强调其督促者（Facilitator）、榜样（Role Model）、导师（Mentor）、伙伴（Partner）等多种作用。

在迎来第三代混合型职场生涯计划阶段的终身学习时代，要熟悉能动地应对知识、技术、能力评价的方法。

需要培养能够了解学习者的智力、身体特点，并能从学习者的角度一起配合成人教育的专家。

课题9　改善教学方法，反映现场实践

参加终身教育大学的学习者，由于过去形成的非正式教育的经验、工作经验、生活经验较多，因此，应摒弃以学龄学生为主要教学对象、以理论教学为主而进行的授课方式。

应设置符合学习者需求的各种教学方法、讨论方法、小组活动，引

导学生参与学习活动，需要对案例研究教学法、角色扮演法有一定的理解和经验。

为了让学习者的工作和学业并行，有必要制定线上与线下混合式的教学制度，通过产学合作，共同制定可以兼顾工作和学习，并将职场经验转换成学分进行认定的 RPL 制度的具体方案。

了解学习者的特点和成人学习的原因，在课堂分享学习者的经验，掌握学习者所需的教育内容和方法，运用恰当的教学技能，最大限度地激发学生的学习动力，使其回到职场后可以立即运用所学知识。

为激励线下授课和线上授课混用的混合式学习模式（Blended Learning），构建终身职业教育大学 M-Learning（Mobile-Learning，移动学习）体制，充分共享线上资源。

为了适应通过产学合作方便学习者兼顾学习和工作、可以将职场经验认定学分的 RPL 制度，应在校内设置专门机构并完善相关制度。

课题 10　大力支持终身职业教育学校

为了将大学的运营体制，从现有的以学龄学生为对象的体系，转变为以成人学习者为中心的体系，在与相关政府、地方自治团体等合作下，需要多种行政和财政的支持。通过专门大学本来的目标，即确立职业教育体制，可以使专门大学成功成为终身职业教育大学。

为了将大学体制转变为以成人学习者为中心的体制，需要大幅改革现行制度，即学习者的入学、在校、毕业阶段的制度。

通过终身职业教育大学，把企业中有经验、熟练掌握最新技术的人，引进到产业技术人才研究生院。实行授课年限多样化，评价时予以一定的奖励。

通过终身职业教育大学系统，发展和支持学习者的个人能力和专业能力，强化对地区的社会责任，确立稳定的良性循环的雇佣结构，为国家发展做出贡献。

课题 11　大力支持终身职业教育学习者

对于终身职业教育大学的学习者，有必要从终身教育角度上支持其教育费用。另一方面，教育费是在职者、待业者、求职者等相关学习者可以使用的雇佣保险基金。应利用现行法律制度，新设专门条款，通过雇佣保险基金，对学习者的教育费进行支持。

通过雇佣保险基金，可以支持学习者的终身职业教育大学学费。从在职人员终身职业教育角度出发，可以找到支持的依据。为了灵活利用雇用保险基金，在雇用保险法及劳动法施行令中，明确规定了终身职业教育大学学费支持的相关内容。①

课题 12　修改终身职业教育大学的相关法规

授课年限自由化，实行毕业学分制。1979 年以专业职业教育为目的，在专门大学起步后的 30 多年来，2—3 年的课程年限在培养符合高度产业化结构的创造型经济核心人才方面，具有一定的局限性。目前，专门大学学制中，两年制（70.6%）和三年制（27.4%）共占98%，只有极少数的四年制护理专业（0.8%）和学士学位专业深化课程（1.2%）。因此，根据 NCS 基础及产业需求中认为必要性的学科，应引入模块式教育课程，采用 1—4 年不等的多样化的授课年限，并推进相关法律（《高等教育法》）的修订。

引入进出自由的良性循环的教育体系。通过以 NCS 为基础的教育课程，可随时注册新的进修课程，引入可自由进入专门大学的良性循环的高等职业教育制度，培育即使是毕业前也能提前就业的新型专门大学。

构建授课年限自由化的事前审议体系。授课年限在三年以上时，对教育条件和 NCS 基础教育课程运营等进行严格的审查后，以教育部长的前期批准方式引入前期审议制。四年制专业则根据 NCS 基础教育课程和产业现场的人力需求，实行有限的许可。

---

① 《雇佣保障法》第4条第一项：为了达到雇佣保险法的目的，作为雇佣保险事业（以下简称"保险事业"），实施职业能力开发项目、失业补贴、育儿休假工资及产前休假工资等。

四、结论

1. 论点摘要

从"终身职场"("铁饭碗")概念的消失，再到"终身职业"逐渐普及的知识信息化时代，为紧跟发达国家职业教育发展的潮流，本研究关注构建终身职业大学的良性循环模式，得出了以下结论。

选定终身职业教育大学的规模及步骤：根据市、道为根据地，从139所专门大学中，选定16所（2014年8所，2015年8所）。大学的审查标准是依据项目计划的稳妥性、适当性等相关的定性指标，以及信息公示制中的大学定量指标。具体包括专业部门及教职员（教授、职员）等人力资源；教师、教学宗旨、净收入等物质资源；入学者的申请需求，企业的人力供给需求，针对性教育课程开发及编制，产学合作成果等符合相应地区发展需求的相关成果；高等职业教育评价认证院认证与否，现有财政支持项目的执行程度，是否执行两种类型的国家奖学金等。

校务运营要旨：关于教育对象、教育年限、教育课程及方法，教育进修后资格认证、教授及学习者的支持等，如下：

除刚毕业的高中生等一般入学者之外，教育对象还包括在职劳动者（后期进修学习者、非正规在职劳动者、希望转职者等）、失业者等，不断挖掘政府支持盲区的就业脆弱阶层。相比刚毕业的高中生等一般入学者，应逐渐扩大成人学习者的比例。

教育年限根据各项目的学习目标进行调整，在正规学位课程（2—4年）之外，适当设计中短期非学位课程（几周至一年以上）。学位课程也可以适用于先行经验学习认证制（RPL），授课年限从短期1个月调整到长期3—4年。

——正规教育课程：学士课程4年，专科学士课程2—3年。

——先就业模式的技能升级（Skill-Up）教育（特性化高中，职业高中）：专科学士两年。

　　——青年失业者、下岗者、离职者等再就业教育：根据课程特点，授课年限为 6 个月，1 年。

　　——非熟练工作者及低熟练工作者等在职者教育：根据课程特点，授课年限为 6 个月，1 年。

　　——第三年龄大学（U3A）：承认中高龄退休（即将退休）者的学前教育，1 至 1.5 年。

　　——获得创业预备者资格证：根据课程特点，授课年限为 1 天至 3 个月。

　　——提高生活质量的通识教育：根据课程特点，授课年限为 1 日至 6 个月（以农村地区为中心）。

　　运营的教育课程及方法是以 NCS 为基础的教育课程，但考虑到大学学科的特性、学习者的需求等，由多种学位课程及非学位课程构成，为了使学生有选择性进修，应将课程运营提升到模块化水平。积极利用能够发挥现场实务教育特点和优势的项目课程，以及 PBL[①]、Capstone[②]设计、现场实习及实务教育等，并且以 NCS 基础学习模块组合方式改革教育课程。

　　教育进修的资格认定根据项目适用对象及内容，设置学位取得，就业及创业扶持，职业素养提升等多种渠道，认定学分及颁发学位，获取国家资格证书、国家公认民间资格证书、民间资格进修证等。政府禁止的民间资格证书则不予开设相关科目课程。以 NCS 基础教育课程为基础施行的教育资格制度，将与后期政府的制度运营方案相衔接。

　　加大对教师团队的支持力度，包括强化教育课程运营及教学技能，对参与授课与项目的教师提供奖励。积极聘用企业专家（专职教员级）导师，积极引入导师制。

　　加大对学习者的支持力度，包括引进并运营先行经验学习认证制（RPL）及学分制，设立大学内终身职业能力先导教育相关专业部门，

---

　　① PBL：Problem-Based Learning 的简称，问题驱动教学法。——译注
　　② Capstone，"顶点课程"，让学生整合所学知识，并培养相关态度和技能的综合性课程。——译注

配齐专业人士（终身教育师、职业咨询师等），开设针对基础学习能力
薄弱者的补充教育项目。

加大对就业人员的支持力度，包括利用雇佣保险基金支持在职人员
的教育费，扩大对下岗人员、青年失业者等就业弱势群体的无偿教育范
围。构建就业脆弱阶层福利支援系统，加强成人学习者的学习、职业生
涯规划、就业咨询，以及后期管理，加强对小城市及农村地区的帮扶与
支持，强化求职宣传与信息共享职能。

构建合作共赢的网络体系，与地区有关部门建立合作体系。巩固与
地区有关机构（地方自治团体、地区企业单位等）的合作关系，构建符
合地区社会产业结构的职业教育运营系统，加强与地区战略产业的联系。

促进与地区就业相关的各项工作，根据各地区的实际情况促进就
业，强调提高地区竞争力，创造工作岗位的重要性。

根据中央政府、地方自治团体，以及地区自身特性，加强彼此间的
联系。教育部、妇女家庭部、雇佣劳动部等部门应加强与中央政府的合
作，保障与地方自治团体、地区人才培养组织（RHRD）相关联的项目
推进力量。

2. 局限性与课题

（1）本研究中，终身职业教育大学（Lifelong Vocational Education
University）曾被定义为"以需要提高职业专业性的全体公民为对象，
提升工作中的知识水平，发展针对性的职业能力，提供终身职业教育的
高等职业教育机构"。此为前提，具体包括以下内容。

①通过对未来的预测研究，在终身职业教育大学的定义中，只有包
含对"雇佣可能性"（employability）的概念，才能满足人们的期待。

②"雇佣可能性"被定义为"个人获得稳定雇佣的可能性增大，或
让个人在选择职业中获得成就、理解，以及个人属性的集合"。

③"雇佣可能性"的概念中，包含：进入职场和就职实习的探索过
程；职场所需必要条件和个人能力之间的契合；未来职场的要求和个人
能力之间是否匹配；为保障学习者顺利进入职场的企业使命；个别学习

者的学习能力的灵活性；自我提升和经历管理技能等个人属性的开发、学习，以及学习反馈与学习一直等内容。

（2）随着向知识型社会的转换及技术的急速发展，人力资源开发通过学龄期的正规教育和职业教育训练之间的持续过渡（Transition）而实现，因此要追随发达国家职业教育的潮流，向学习需求者提供终身学习和终身职业教育的机会。特别是 OECD 国家最近以终身学习为中心，把重点放在以下 4 个领域。

第一，多种学习成果的认可。法国从 1985 年开始，为引入非形式学习和经验学习，形成评价体制并制定法律，并为劳动者提供获得职业技能评价的权利（Bilans De Compe ütence- 能力评估）。

第二，为了实现终身学习，让成人学习者获得学习的动机。一般来说，成人学习与自己的经验有关，或者与他们的生活联系在一起。当自己选择并控制学习内容时，就会形成学习动机。据瑞典国民高中（Folk High School）介绍，成人学习不要求像学生一样的学习设备。瑞典的国民高中、丹麦的职业培训机构 AMU（Arbejdsmarkedsuddannelser）及成人教育中心 VUC（Voksenuddannelsescenter）、澳大利亚的 TAFE（Technical and Further Education，技术与继续教育）等单独打造了成人终身学习的平台，这样可提高成人学习的参与度。澳大利亚以大规模非大学水平的第三轮教育体制的 TAFE 大学为中心，对成人教育帮助较大。

大部分学生以定时制注册，每个学生平均每年参加 200 小时左右的学习，平日和夜间都会开设课程，周末也会进行授课。课程采用模块式，学生既可以学习全部课程，也可以选择特定模块的课程。有三分之二左右的学生注册国家资格项目，其余的学生选择与国家资格无关的项目。入学条件灵活，一般来说，弹性比较大，整体评价的 6% 左右是通过评价和认定在其他地方进修的课程学分来实现的。

第三，提高以成人为对象的学习机会的平衡性。现在的情况是 OECD 国家组织的三分之二左右的学习活动成人都无法参加，因此导致职业素养培训只侧重强化正规教育水平的不均衡的倾向。因此正规教育的高水平和均等的分布，成为鼓励成年人参与学习的重要基础。为了增加在工作职场中的学习机会，需要将关注点放在劳动者训练项目，以及企业的组织和结构是否朝着鼓励成人的能力开发和学习的方向发展。加拿大和美国等有着第三阶梯教育体制的国家，在第三阶梯的教育参与率也很高。瑞典于 1996 年引进了面向辍学者或职业经验者开放的短期第三次职业教育课程；芬兰为了提供以职业为中心的第三阶梯教育，引进了高等职业技术大学的概念。

第四，财政投入及利用效率。英国、法国、美国正在第三阶梯水平的学习和成人学习中引入新概念。英国的个人学习账户（ILAs, Individual Learning Accounts）在公共预算中为个人学习给予补助或折扣，接受 ILA 支持的学习者可以通过中介及信息提供组织体 Learn direct 服务选择学习选项。在美国，大幅度减免教育税金，让学习者从税金中扣除部分职业教育经费，学习者在职业教育机构注册单一课程模块时也能享受优惠。

当个人为了在终身学习中获得一项资格时，应制定相关方案来评价学习成果，并将这些成绩积累成学分。

学分的积累和转换：如果说学分追踪是指在一个学分体制内收集学分，那么转换学分是指将学分从一个学分体制内转换到另一个学分体制，以及为了获得特定资格而达到规定学分的制度下，完成学分转换的过程。成功的学分转换是通过协议实现的。

学习者如果成功进修模块项目或培训课程，将获得学分。

制定对非正规和非正规学习的认定的共同原则迫在眉睫。欧盟制定了"2004 年共同欧洲原则"。终身学习需要灵活的学习途径，并且组织方式也要灵活多样。

对先行经验学习认证制（Recognition of Prior Learning，RPL）可以说是以学习共同体（Communities of Practice，COP）为中心的情境式学习（Situated Learning）。重要的是从"合法实体参与"到成功完成学业。对示范学习的认定分为官方认定和社会认定。官方认定是通过官方授予资格或学分获得知识、技能、力量的过程，社会认定是指通过经济和社会利害关系而获得技能或力量的价值。

在职业教育的所有协议中，为了保证质量，应该进一步促进合作。另外，还应制定相关方案，承认企业实习的学分化，以及在企业工作的经历。

《高等教育法第 23 条》：根据学分认定的相关法律或有关终身教育的法令，已获得的学分和其他学校研究机构或产业企业等执行的教育、研究、实习或工作经历等，可以认定为在校期间获得的学分。

引进夸美妞斯（Comenius）、莱昂纳德·达·芬奇（Leonardo da Vinci）、伊拉斯姆斯（Erasmus）、格朗德维（Grundtvig）等与终身学习相关联的项目。

专门大学正处于从以学龄期学生为教育对象，到面向社会普通人的成人大学（Adult university）的转变时期。

大学与其说是培养社会精英的教育机构，不如说是为成人学习者提供大众高等教育（Mass Higher Education）的教育机构（Bourgeois etal，1999）。大学社会教育相关的概念包括大学扩张（University Extension）、大学开放（University Open）、大学成人教育（University Adult Education）、成人继续教育（Adult Continuing Education）等。

今后，专门大学应加强以地方居民为教育对象的专门大学的职能，以及对地方社会的贡献等，同时也要研究优化地方居民力量的方案。其原因是个别专门大学对所处的地区产业的人才培养越来越重要。

在专门大学里设立的终身教育机构与大学终身教育院是一样的形态。但是，有人认为其财政收入的来源倾向于商业主义，而不是出于终身教育的本来目的，因此受到批评的可能性越来越高。

与大学正规教育项目相比，终身教育院的项目存在被贬低或排斥的情况。也就是说，由于该大学教授不愿意在大学终身教育院进行授课，或是在没有扩充其他教育设施及器材的情况下，认为利用闲置设施是理所当然的事情。

终身职业教育大学应时刻考虑自学学位制、学分银行制、时间注册制、就业人员特别择优录取、终身学习中心大学、公司内部大学、产业委托教育、大学附属终身教育院、广播通信大学、产业大学、信息通信技术（ICT）应用在线教育培训等高等职业教育差异化的特点。

　　终身职业教育大学应了解低收入阶层等社会弱势阶层的学习动力和需求，选定"政策优先目标群体"（Target Group），为他们提供学习项目的同时，还应研究如何为他们学习项目所需学费提供支持的方案。另外，还应改善学分银行制相关制度，允许出差授课等，为学习者提供可以不受时空制约的课程。

　　有必要制定能够让成人（25—64岁）学习者（OECD标准）自由入学的灵活系统的方案。同时，有必要提出在终身教育学院接受学生所需的教育并获得学分的方案；在完成终身教育学院一定的学分和绩点时，学生可获得在大学正规课程中听课的机会；大学生和成人学习者的学分互换方案；通过在职者职场学习，确定示范学习经验的学分方案等。此外，如何为各种成人学习者提供什么样的课程；如何恢复成人学习者的学习权利，以及如何满足已经大学毕业的上班族的职业需要，实现教育福利，都需要深入分析。

　　目前现有的大学为了向终身职业教育大学转变，可以参考第37届欧洲大学断续教育网络欧洲会议（37th EUCEN European Conference）内容，从中获得启示。为学习者提供持续学习的方针；提供灵活的学习路径；避免过度分散，允许学术间交流；为保证学习的连续性和发展，引进哥本哈根流程（例如学分体系、学习结果、前期学习认定、非形式和无形式学习）等，为学习者提供学习机会。

　　要加大投入对学习者的服务。还要扩大对学习者的指导和咨询服务，以及非形式和无形式学习的认证，扩大对项目的支持、e-学习等的投资。

　　对相关负责人的投资：在这种活动中，包括利害关系当事人在内，对经营者（对改革提供建议）、教师（相关规定的精细化）、职员（对负责受理、指导、咨询的人员采取特别措施）进行支持和投资。

　　在不垄断知识活动的情况下，在知识共享和教授法共享方面，应该构筑起不同的利害关系当事人（其他教育机关、工会、专门机关、企业和地区权威机构）共同参与的网络平台。

（2012年5月）

第五章　高等职业教育（高职院校）的现存问题与整改措施

一、绪论

2015 年，专门大学数量与四年制普通大学（189 所）相比，占大学总数的 41%（137 所，入学定员标准 37.5%），但是平均就业率比一般大学高出 5% 左右。政府财政支持规模只有 10%，与四年制相比，属于非常低的水平。财政支持方面，一般大学 9 万亿韩元，科技大学 2.8 万亿韩元，专门大学 1.1 亿韩元。从学生人均国库支持额度来看，一般大学 550 万韩元，科技大学 1650 万韩元，专门大学 240 万韩元，平均 460 万韩元。在雇佣保险金方面，虽然有很多人提出了建议，但暂无进展。为了缓解这种薄弱的基础，现韩国政府一直表现出要将专门大学培养成高等职业教育中心机构的意识。

2013 年至 2017 年，韩国提出了 100 个特色化项目，设立产业技术名匠研究生院，运营终身职业教育大学以及全球化发展项目，全面扩大财政支持等计划。但是，以 NCS 为基础的终身职业教育大学运营项目中，例如非学位课程运营、学分银行制、先行经验学习认证制、民间企业模块式教育认证等实施起来依然存在一定的难度。

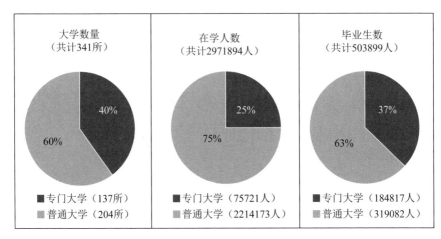

图 5-1　专门大学与普通大学之间的规模差异 [①]

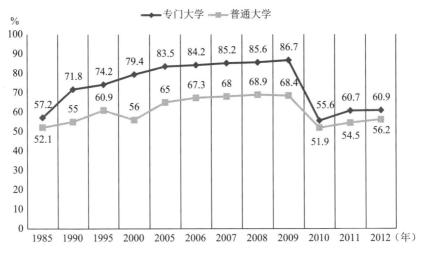

图 5-2　专科院校和普通大学的就业率趋势 [②]

　　虽然借助政策取得了表面、片面的进展，但无实质性增长，内容不够丰富，目前无法保障其可持续性发展。因为国家财政困难的原因，政策的连续性方面也得不到保持。

---

①　教育部大学发展企划团，2013 年。
②　教育部大学发展企划团，2013 年。

　　100 所特色化学校培养项目最终以就业率为主进行学科结构改革，这是"结构调整＋就业率达到 80%"战略的一环，与确保地区发展动力相关联的、真正意义上的特色大学也有一定距离。

　　虽然欧美发达国家从职业教育中寻找解决世界性经济不景气的方法，但韩国的高等院校仍然以四年制普通大学为中心。以美国为例，奥巴马政府从 2010 年开始，计划在 10 年内将 13 兆韩元规模的投入放到非四年制普通大学的专门大学（Community College）的职业教育上，授课年限根据大学特点、优势、职业需求的特性，以及职业教育的功能和作用，实行从一年制到四年制，甚至硕士课程多样化，自主实施。

　　例如，汽车专业中，基础整顿课程为一年制，组装技术为两年制，capstone 顶点设计课程为三年制，设计和市场营销为四年制。在原本需要 12 小时 30 分钟的一辆汽车组装工程缩减到 1 小时 30 分钟的高科技时代，韩国高等职业教育运营形态未能摆脱 20 世纪 70 年代专门大学成立时期的运营模式。

　　本届韩国政府的专门大学集中培养方案中包含了结构调整相关内容。从 2014 年开始面向 100 所专门大学实施的特性化培养项目，其前提是不会对剩下的 39 所提供财政支持。这是为了利用反向激励实现结构调整。根据这种情况，《应对学龄人口减少的教育部门结构调整战略之相关研究》[1]预测判断出低出生率、老龄化导致的学龄人口减少趋势，教育体制面临的问题，并为了有效应对这一趋势，提出教育部门的结构调整方案，具有一定的说服力。该研究以构建适应产业变化的人才培养体制为基础，分析大学结构调整的进展和问题点，提出改善方案。此外还提出了应对学龄人口减少的入学资源多元化方案，扩大吸引外国人的政策等。

　　在"终身职场"（铁饭碗）概念消失的终身职业时代，高等教育要承担的另一个责任就是终身学习和成人教育。代替"从工作岗位到学校"的作用和职能的"终身职业教育大学"项目也同样面临入学人数缩减的情况。

---

① 韩国教育开发院，2011 年。

最近，专门大学政策的焦点是授课年限的多样化。其宗旨不是单纯地扩大从两年制到四年制之间的量化的年限，而是通过实现适应产业需求的针对性教育课程 NCS（国家职业能力标准，National Competency Standards）来打造高质量深化的专门教育课程。如何在短期内实现以模块（Model）为单位的细分化的教育课程，如何保障素质教育与道德情操的培养是非常重要的课题。新政府的高等教育政策的基调是以地方大学和专门大学为中心，充分考虑大学的优势和机会因素，构筑部门间的协助（Collaboration）体制。前者侧重的是大学评价和财政支持，后者则侧重于就业的层面。

适应未来社会的变化，与韩国教育蓝图和目标相关的关键词大致包括人力资源开发、构建终身学习社会、教育福利社会等方面。

表 5-1　适应未来社会变化的教育蓝图和目标 [1]

面向未来社会变革的教育规划	人力资源开发	通过整个生涯，积累多种学习经验，增强工作能力与实力，积累教育资产，提高自身价值
	终身学习社会	社会通过为公民们提供随时随地自己喜欢的学习内容，培养综合能力的各种机会和条件
	教育福利社会	一个在人力资源开发的学习机会方面，谁都不会被忽视的社会
实现教育规划和目标的课题	高等教育再结构化、质量管理	构建以需求者为中心的教育体制，革新高等教育治理结构，构建高等教育质量管理体制
	构建灵活的教育体制	打破学校教育与校外教育的界限，构建生涯教育课程与能力认证制度
	强化教育福利	为改善弱势群体的家庭教育职能，政府早期介入并大力支持，推进各部门联合政策的执行

上述内容可以概括为大学终身教育体制改革（从学龄期教育中心转变为终身学习的体制），构建以需求者为中心的教育体制及高等教育质量管理体制，以社会弱势阶层（弱势群体）为对象的教育项目的设计及扩大运营等。

---

[1]　韩国教育开发院，2007 年。

特别是为实现教育蓝图和目标的课题中，"加强教育福利"的重要性在近些年来日益凸显。仅从高等教育部分来看，为缩小教育差距，引入在高考录取和就业时照顾社会底层的纠正歧视的积极政策，扩大成人弱势群体的终身学习机会，为推进缓和教育差距政策健全教育福利法制，构筑高等教育财政支持制度等正在成为努力推进的课题。

本书旨在以这样的政府政策基调为基础，回顾四十多年来专门大学走过的历程与目前的地位，通过对诸多问题的再梳理，提出整改措施。

二、专门大学的发展过程与其定位

作为高等教育机构，负责职业教育的专门大学在成立四十多年中，一直尽职尽责为培养了500万产业人才的名副其实的中枢机构。如果将专门大学教育三十年的主要项目内容进行分类，可以分为教育理念和目的、学士及教育课程、定员政策及招生、教师、学生、教育财政、产学合作、终身教育、评价和财政支持项目、行政及设施支持等。根据2010年1月发行的《韩国专门大学教育三十年史》（2010年1月），其发展历程可概括为以下十个内容。

第一是将学校名称进行整合，统一改为"专门大学"体制。1979年3月，文教部将初级大学改编为普通大学或专门大学，职业高等专门学校和专门学校合并为专门大学。各种五年制大学被废除。至此，两年制短期高等职业教育制正式确立。

第二是韩国专门大学教育协会成立。1988年5月，文教部批准成立韩国专门大学教育协会（简称专门大学协会）。专门大学协会更名为全国私立专门大学校长联合会（1979年4月）、全国专门大学校长协会（1986年12月）、全国专门大学教育协会（1987年4月）。1987年11月，在首尔市永登浦区汝矣岛洞24-2（世界展望大厦）开设办公室；2002年8月，搬迁至首尔市中区中林洞500号大宇迪奥中心7层，一直至今。1995年12月，作为特别法人制定了《韩国专门大学教育协会法》。

第三是《专门大学教育十年史》的发行。1994年8月，为纪念专门大学十周年发行了《专门大学教育十年史》。该书共四篇，由第一篇"专门大学的战士"、第二篇"专门大学的发展"、第三篇"专门大学的教育活动"、第四篇"专门大学的未来面貌"构成。当时的专门大学教育协会会长权相哲（当时是安阳科学学院院长）在发刊词中阐明了其背景，他说："这本书将被照亮，成为引领新时代的指南针。"

第四是授予专门大学毕业生"专业学士学位"。1996 年 12 月，专门大学毕业生被授予专业学士学位。此前，只有四年制大学毕业生、硕士，以及博士学位授予者才有学位。第二年，即 1997 年 2 月，教育部部长安秉永参加了东洋工业专门大学的毕业典礼，并亲自授予了专业学士学位。

第五是实施以国家为单位的专门大学特性化的财政支持事业。1997 年以后根据《教育基本法》《高等教育法》《私立学校法》执行国家财政支持项目。特色化项目、乡土基础项目、优秀工业系大学支持项目、实业系高中连接项目、产学合作就业约定制、订单式项目等就是代表性的例子。专门大学特性化项目虽然仅占四年制大学的 20%，但为引导职业教育的充实化、专业化、多样化做出了贡献。从 2008 年开始更名为"教育力量强化项目"，项目内容具体分为职业教育力量、组织运营力量，以及成果创造力量。

第六是制定《高等教育法》，以及专门大学教育目的的革新、变革。为与分离现有教育法和初高中教育相关条款分开，完善其内容和体系，韩国于 1997 年 12 月制定《高等教育法》。此时，专门大学教育目的从培养中坚技术人才改变为培养专业职业人才。与此同时，专门大学名称也由各大学自主使用，并引入了深化专业课程。

第七是推进与四年制普通大学同等的教师资格、定岗年薪等制度。2002 年 1 月，随着《关于教师资格标准等的规定》（总统令第 17486 号）的制定，专门大学的教师和四年制普通大学教师的教师资格及定岗年薪等实现了等同化。2004 年 5 月，专门大学教师报酬规定及差旅费规定出台。

第八是"专门大学教育革新运动本部"的成立。其重点是考察与判断专门大学面临的危机和问题，探索新的出路。这是 2005 年 5 月为培养产业人才而制定的高等职业教育体制革新方案的重要一环。当时的核心问题包括，将大学教育分为学科中心大学和产学中心大学，专门大学的授课年限多样化（1—4 年），以及引进学士学位，深化专业的课程等。

第九是专门大学也引进了学士学位课程。2007 年 7 月，根据《高等教育法》的修订，从 2008 学年度开始设置学士课程。通过 1998 年非学位深化专业课程（1 年）的开设，经过十多年的努力，在 66 所大学、242 个专业招收了 6830 人。在高等教育的普遍化时代，学生基础学习能力下降，产业需求多样化，与普通四年制大学相比"低人一等"的旧观念，学历为主的社会认知，普通四年制大学开设专门大学特色学科导致专门大学原有作用和功能面临危机等，都可以找到其根源所在。韩国早在 2002 年便引进并运营了三年制专业。另外，2011 年大多数专门大学的护理系引入了四年制。

第十是专门大学的校领导名称升级为校长，学校名称也可以使用"大学"。2009 年 2 月，专门大学的校领导名称从"院长"（학장）更名为"校长"（총장）。2009 年 1 月 13 日在国会全体会议上正式通过。

表 5-2　作为高等职业教育中心机构的专门大学培养方案 [①]

培养 100 所特色专门大学	为了让专门大学培养出产业技术人才、服务行业人才等产业领域核心人才，引导各大学、各专业特性化发展
学位课程及授课年限多样化	扩大专门大学学制的灵活性，加强应对老龄化社会的终身职业教育等，谋求功能多元化
设立产业技术名匠研究生院	以专业技术、技能拥有者为对象，设置、运营特殊研究生院课程，提供熟练技术的发展机会
培养终身职业教育大学	将专门大学中的一部分转换为 100% 实务型（终身职业教育大学），培养为终身学习的核心机构（以企业孵化器、获取资格证书、联合中小企业提供教育实习等非学位课程为中心，运营适合成人教育的课程）
推进世界化教育项目	以国内学生和外国留学生为对象，开展适合国外产业体的教育，扩大在海外产业企业就业的 GHC（Global Hub College）（专门大学学生海外研修事业，提高与海外就业的关联性）

---

① 教育部大学发展企划团，2013 年。

文在寅政府上台后，增加了对高等阶段职业教育、专门大学的关心和扩大支持。具体来说，包括构建各种大学评价指标管理体系，推进大学及学科特性化，通过加强与产业及地区社会的合作关系，设计、定制运营教育课程，构建及运营持续教育质量管理系统，确立大学终身教育体制，追求教育课程及学士制度的多样性等，可以了解到这些都与这些体系紧密相连。

随着专门大学的发展，高等职业教育逐渐成为人们关注的焦点。专门大学进入大学无限竞争时代和结构调整阶段，迎来机会和危机共存的局面。总之，专门大学成功的关键在于"加强高等职业教育质量管理"。高龄化、个人主义、幸福感、个性、平等、文化（娱乐及休闲）、追求健康等时代关键词所要求的继续教育和终身教育功能的强化，推进产学合作灵活发展的政策，医疗保健、福利、服务行业的成长，以及科学技术的发展，对高等教育方法提出的新发展要求，构筑国际水平的教育体系等，都可以为专门大学的发展注入新的活力。

表5-3　专门大学存在的问题和改善方案 [①]

	问题	改善方案
政策内容	■ 学龄人口减少，入学资源不足 ■ 低社会认知和惯例领域的歧视 ■ 资格制度，雇佣领域存在差别事项 ■ 与四年制大学相比，财政支持有差距 ■ 高等职业教育政策，终身教育政策不完善	■ 修订财政支持等教育法律 ■ 改革高等职业教育学制 ■ 消除聘用、选拔、工资、晋升等各项规定的差别 ■ 构建国家职业能力标准体系 ■ 加强对成人学习者的行政、财政支持
教育	■ 专业、通识教育，以及理论、实习教育内容的短板	■ 教育课程运营模块化、多样化
内容	■ 校务运营，授课年限固化 ■ 教育课程相似性、单一性、形式性 ■ 现场实习质量管理不到位 ■ 缺少针对产业体的教育课程 ■ 新生的学习能力下降 ■ 挖掘成人学习者等入学资源的努力不足	■ 向以需求者为中心的订单式、定制型教育课程转换 ■ 提高职业教育质量水平 ■ 强化通识课程及基础学习能力 ■ 构建成人学习者体系 ■ 激活周末学习、季节培训、网络教育 ■ 强化教师的技能指导能力

① 韩国教育开发院，2014年。

续表

	问题	改善方案
产学关系	■ 产学相关合作不振 ■ 企业参与意向不足 ■ 产学相关合作体系建设不完善	■ 以产学合作为中心，构建专门大学体系 ■ 构建大学间相互合作体系 ■ 加强作为地区社会的中心大学的职能
财政支持	■ 财政及设施设备不足导致教育条件恶化 ■ 财务结构薄弱	■ 制定闲置设施与空间的有效利用方案 ■ 引进发展基金，改善教育基础设施

　　制约专门大学发展的因素有学龄人口减少导致入学资源减少，结构调整及退出的可能性增加等导致大学间自由市场化竞争，单一化发展模式引起的过度竞争与发展停滞，产业结构变化，失业率增加，就业率下降，对大学与研究生院毕业生等专业人士的需求增加，抑制学费上涨，教育成本上升，唯学历论，轻视职业教育的风潮蔓延，一般大学模仿专门大学的教育课程构建替代性教育体制的情况增加等。

　　通过以上这些情况，找出现阶段专门大学存在的问题，提出整改措施，可以概括为以下内容。

三、现存问题的主次顺序与整改措施

　　现韩国政府的专门大学政策内容有：改善教育体制（大学运营自律化）、结构调整（财政支持限制、学费贷款限制、经营不善大学的认定）、改善教育办学条件（特性化项目、WCC[①]）、管理教育质量（信息公示、评价认证、自我评价、结构改革评价、专业深化评价）、产学合作（LINC[②]、学校企业培养）、国际化（GHC、吸引留学生管理力量认证制）、终身教育（创办终身职业教育大学、支持终身教育灵活开展）等。但是，由于竞争过热，支持力度拉开一定的差距，大学间的贫富两极分化现象日益严重，在运营上出现了问题。

---

① 世界级专门大学。——译注
② 产学研合作先导大学。——译注

今后要培养世界名牌职业教育机构，并构建继续职业教育体制，政府要强化专门大学社会安全网功能，支持基础知识产业核心人才培养，支持反映产业现场岗位要求的教育目标和教育课程的建立及运营，支持地方自治团体和地区特色产业之间的密切联系，提高终身职业能力，改善评价指标及支持方式。

总之，为了确立作为高等职业教育机关的整体性，应该通过构建持续性的教育质量改善体系，确立大学终身教育体制，引进和运营国际水平的教育过程、方法，建立与地方自治团体及地区产业密切联系的体制，促进产学合作，追求教育过程的多样性（成人学习者、留学生）等，谋求高等职业教育的革新。作为分析专门大学政策环境的检查手段，PEST 的公式化方法如表 5-4 所示。

表 5-4　依据 PEST 技法的专门大学的政策环境

政治、政策、法律环境 （Political-Legal）	■ 大学评估及结构改革的相关法律文案在国会待决 ■ 全球性大学结构改革趋势
经济环境 （Economic）	■ 各学历、各专业的中长期人力供需展望中，出现高等教育部门的供过于求的现象 ■ 大学毕业生很难进入劳动力市场而产生的社会费用 ■ 应届毕业生的学历与技能不匹配的现象对劳动力市场的影响
社会文化环境 （Social）	■ 因学龄人口减少，高等教育补充率持续下降 ■ 为缓解学生学费负担，要求大学财政透明性及学校法人履行其职责
科技环境 （Technological）	■ 科学技术变化引发大学与产业之间的错位 ■ 为实现创造性经济发展，产业间、学科间融合的必要性日益凸显，随之而来的大学教育学制、学科单位等改革需求逐渐增加

"为实现以能力为中心的专门大学的职能与未来"（纪念庆南信息大学建校 50 周年春季学术会议，2015 年 5 月 22 日），以及具慈吉的"NCS 基础课程评价型资格制度运营方案"考察了作为高等职业教育机构的专门大学现阶段的地位，指出在未来发展中可能会面临的问题，因此备受关注。

他首先强调，专门大学所具有的内外环境因素是：①高等职业教育机构间的竞争的深化及整体性确立；②随着学龄人口减少，专门大学作用发生变化，应发挥其终身职业教育的作用，以改善教育内在质量。改善教育内在质量的重点是：引入 NCS 基础教育课程及提高现场性；系统推进灵活（多样化）的授课年限；关注对远程教育需求增加的态势。在此基础上，还提出了专门大学存在的根本问题是与四年制普通大学相比，在过分恶劣的社会环境下，需要进行政策性的结构调整。还提出专门大学的国际化发展战略；继续贯彻执行政府政策，并扩大财政支持，实现稳定发展；改善对专门大学及专门大学毕业生的社会认知与相关制度等。

庆南信息大学的郑教授将专门大学认定为"最大化改善的职业力量，引领能力中心社会的高等职业教育机构"。其中包括韩国政府的政策走向和基调、先进职业教育体制的范式。具体目标是以 NCS 为基础，强化以现场为中心的教育，随着以能力为中心社会的到来，发展为终身职业教育机构，创造应对人口减少、产业发展、国际化的多种职业教育需求。

郑教授提出的八个议题中，在现阶段最受关注的问题是有关授课年限自律化和财政支持增强的问题。2003 年 1 月，在参与政府时期提出的"专门大学－大学综合运营 1—5 年授课年限自律化"这一议题，直到 2005 年 5 月，在全国 158 所专门大学 500 多名教授聚集在首尔市世宗路新闻中心召开的"专门大学教育革新决议大会"上，才正式启动。会上，专门大学的成员主张，由于韩国政府的高等教育政策和财政支持偏重于四年制普通大学，专门大学将面临危机，因此应实行授课年限自主化，同时扩大财政支持。

但是，尽管这一议题在具有改革意义的历史背景下显得陈旧老套，但在十多年后的 2015 年，依然像"无法解开的莫比乌斯带"一样，是需要攻克的难题。作为韩国政府的政策和理念基调，基于社会科学想象力的"创造"，以及基于各阶层部门协同进步的"合作"（Collaboration）这两大重要价值概念，在专门大学的相关政策执行上却变得黯然失色。

现有研究成果所显示的授课年限自律化（多样化）的依据是大学形

态之间的无差别性，远程教育（Massive Open Online Course，MOOC）的增强，成人学习者的减少（2010 年占 16.8%，2011 年占 14.3%，2012 年占 12.4%，2013 年占 11.2%），以及外国留学生减少等外部因素。

众所周知，授课年限多样化是指根据 NCS 基础及产业需求，将专门大学的授课年限从 1—4 年多样化，确立良性循环性高等职业教育制度的政策。其主要内容是，一年学制对应的是非学位资格证，二至三年学制对应的是专门学士，四年对应的是学士，但四年的学士课程仅限于产业企业要求的 NCS 相关职务领域，并经过教育部长规定的另外批准审议程序后方可开设。

在刚刚进入大学结构调整局面的今天，由于四年制普通大学的强烈抵制，实际上导致了 2015 年末的立法化为泡影。在这个问题上，虽然要追随发达国家的潮流，从政策力度层面持续努力，但在目前的情况下，有必要通过解决专门大学的制度和本质性问题，来提高其信赖度和妥当性。

例如，对民众宣传职业教育先进国家和地区的典型事例（中国台湾、日本、德国、加拿大等成功事例）；召开说明会，解读现有两年制、三年制、2+2 专业深化过程、3+1 专业深化过程的难点和局限性；更新现有制度，试运行新的四年制课程；现场实习学期制度的实质运营；制定与 NCS 相关的 2—4 年学制的明确标准，以及各类差异化的教育课程运营方案；为护理科、幼儿教育学科等部分学科提供入学途径；借助现有制度的部分结构调整，制定综合方案等。

具慈吉的 "NCS 基础课程评价型资格制度运营方案"，试图将 2012—2015 年专门大学教育课程的代表性标准——NCS 体制，升级为 NCS-NQF 高端版本（High-End）。2015 年 1 月 12 日，韩国政府表示 "为了打造不以学历或资历而是以能力为标准得到评价的社会，将从公共机关开始率先大幅扩大以国家职业能力标准（NCS）为基础的招聘"后，NCS 运转体系得到了更进一步的发展。不同于初级阶段的是，国家职业能力标准（NCS）的构建以及 NCS 基础教育课程在改革过程中，不断推进教育培训、资格、经历、学历等相互认可的综合性国家力量体制。与此同时，依据能力构建人事（聘用及晋升）体系，促进工作与学习并行的继续教育的灵活发展。

表 5-5　NCS 基础教育课程的持续开发及运营的核心内容及问题点

NCS 悬而未决的问题	开发和运营的核心内容	问题点
提供教育机会	为引进 NCS 基础教育课程，召开周期性的研讨会	虽然召开相关研讨会，但多数与会人的参与度与分享成果的积极性不高
人力、物力系统运转	确保以 NCS 为基础教育课程运营的系统、人力及物力资源	也许是因为还处于初期，所以很难保证效果。共享手册及远程集体教育的必要性凸显
开发和运营	持续开发和运营以大学特色化领域为中心的 NCS 基础教育课程	政府主导下，大体上顺利进行
职业基础能力教育课程	为提高职业基础能力，开发及运营 NCS 基础教育课程	教材方面，亟须在内容上、形式上得到修改完善
标准手册的周期性改善	制定关于 NCS 的教育课程的开发、运营、评价的明确指南及标准手册	需要普及和推广优秀案例集，也需要现场专家的意见
加强师资力量	为加强 NCS 基础教育课程的师资力量，定期举行研讨会，共享成功案例	在产业界主导的方向上，需要阶段性、持续性地完善努力

引入 NCS 基础教育课程，能否在 2018 年之前实现国政政策目标 80% 的就业率，还是个疑问。考虑到 2011 年（60.7%）、2012 年（60.8%）、2013 年（61.2%）、2014 年（61.4%）等专门大学就业率上升的趋势，三年后的 2018 年能否接近 80% 也是个问题。韩国的 NCS 环境与以国家间自由往来、同一货币的多边灵活性为基础的欧洲不同，因此应引进先进职业教育体制并构建国家力量体制，适应世界级水平的职业教育发展潮流与趋势，构建以能力为中心的人才培养的社会与教育课程体系。

同时，为了体现 NCS 的宗旨，在就业及就业支持的核心职业需求的挖掘和人力要求及供给方面，形成劳动部和韩国产业人力公团为主管部门，教育部提供协助的体制；在一线大学的教育课程运营的评价方面，由雇佣劳动部与教育部联合进行；以训练和教育为基础的人力培养方面，教育部与一线大学进行协同联系的体制才是明智之举。总之，要想成功完成 NCS 教育课程，必须改变专门大学的结构，将提高"教育内容质量的优越性"作为重中之重，努力培养符合职业能力水平的适材适所的人才。如果仅将就业率作为大学评价标准的结构持续下去，那么 NCS 教育课程（课程评价型资格制度除外）将只起到形式上的作用，很难取得与 NQF 相关联的最佳的职业教育效果与成就。

他特别就 NCS 政策方向及课题，NCS 和 NQF 的关系，以及最近成为关注焦点的 NCS 基础聘用及补偿方案，过程评价型资格制度运营方案等提出了较为详细的发展规划。他特别强调，具有一定对称关系的 NCS-NQF 机制暗示着未来社会将从以学历为中心的社会转变为以能力为中心的社会，与此同时，将工作—教育—培训—资格连接起来的"过程评价型资格制度引进运营"与强化国家力量体系（学位—资格—工作经历—教育培训的履历管理系统）直接相关联，将成为值得期待的政策模式。

国家职业能力标准教育课程的引进和运用，可谓是"专门大学教育课程的革命"，具有足以对专门大学进行改造的威力。虽然各个大学实行改革的时间与运营方法，以及教授之间、学习者之间、教授与学习者之间的认知等存在不少偏差，但在 2015 年 1 月，初次向一线大学提供 NCS 基础教育课程指南（开发、运营、评价、质量管理）后，同年 4 月末提交的结构改革评价便列为"自我评价书"项目。

被称为 NCS 执行主管机关的雇佣劳动部（包括韩国产业人力公团）和教育部虽然加快了步伐，在"形式"（政策宣传）和"结果"（就业率提高）上下了不少功夫，但专门大学的组成人员能否对"内容"（能力单位和能力单位要素）和"过程"（授课学习体制的良性循环系统）比预期更了解、更能体会，实现良性循环，还是个问题。适当的合理程序与执行速度，教育课程是否正常运转，检查反馈体系是否具备等问题也需要持续关注。

作为体现高等职业教育的特别法人，支持专门大学政策和运营的韩国专门大学教育协会每年例行的校长座谈会（2015 年 8 月）上表示：①专门大学不仅要成为高等职业教育中心，而且要发挥终身职业教育中心作用，敦促政府强有力的政策性意志；②要检查高等教育的政策导向，确立正确的目标；③为了确保高等职业教育与终身职业教育中心，应发挥政府强有力的政策性意志；④为了确保有竞争力的力量，要以协会为中心，共享信息，促进合作项目的全方位发展。在主题发言中，李浩成指出了专门大学危机的结构性问题，有六大局限性。

1. 政府高等教育政策中职业教育排名的局限性。

2. 专门大学学生的自主学习能力和家庭的支持局限性。

3. 由于授课年限短，因年龄代沟产生的人生价值观确立的局限性。

4. 按照大企业人事惯例，专科毕业生与高中学历待遇相同的局限性。

5. 1997 年韩国金融危机（IMF）之后，产业人力供需向单纯技能人力和高级人力二元化转变，专门大学中等阶段水平的人力需求骤减。

6. 专门大学教育政策制定过程中，专门大学意见的制定渠道少，参与度低。

对此，提出了以下可行的解决方案。

• 提高教师及大学运营者的领导能力。

• 大学特色化的集中，探索各地区学科发展计划，构建符合劳动市场的优势学科。

• 强化人性及职业道德教育，扩大专业深化过程，为未完成中等教育的学习者提供继续教育项目，实现以职业教育为中心的终身教育。

• 加强各产业园区、行业、企业产学合作的职能。

• 保障专门大学职业教育质量，采取授课年限多样化的模式。

综合上述意见，作为高等职业教育机构，专门大学现阶段的主要未解决问题可以概括为十多个，根据执行性质，可以分为规划和战略（包括政策）、教育运营、教育条件、教育成果等。

表 5-6   作为高等职业教育机构的专门大学的主要问题

执行分类	专门大学作为高等职业教育机构的主要问题
规划与战略	反映时代潮流的专门大学的定位确立及再调整 ■ 增进与地区教育机构的合作，构建产学合作中心体系 ■ 强化大学品牌，谋求差异性，提高大学声誉，提高形象，加强宣传
规划与战略	随着学龄人口减少及结构调整，探索专门大学的功能和作用的变化规律 ■ 对反映产业需求的持续性专业（学科）的招生人数进行结构调整 ■ 以终身教育为中心的体制的改革，以成人为对象的终身教育课程，开发终身学习体制 ■ 大学特色化，追求差异化，聚集力量
教育运营	实现以 NCS 为基础的教育过程，培养实操应用能力 ■ 构建完善持续性教育质量体系，构建职业教育质量管理体系 ■ 教育课程的统筹化，强化以现场为中心的职业教育 ■ 构建以产业需求而量身定做型教育体制，强化就业支持体系 ■ 实行 e-learning，适时学习等教育方法论的改革，构建信息资源管理体系
教育运营	1—4 年授课年限多样化（自主化）的系统性推进
教育运营	远程教育体制（MOOC）的构建及灵活应用方案
教育运营	战略上达到国际化的先进职业教育体制 ■ 引进国际水平的教育课程、方法，扩大与国外大学和机构的交流 ■ 吸引外国留学生，加强管理力度
教育条件	政府政策的重新认识和财政支持的实质性加强 ■ 追求大学财政来源多样化，对专门大学的财政支持力度达到与普通大学接近的水平 ■ 增设教育部专门大学政策科与专门大学相关部门
教育成果	确立科学合理的评价体系，以及评价制度的一体化 ■ 信息公示，自我评价，机构评价认证，结构改革评价 ■ 政府财政支持项目评价
规划与战略 教育成果	提高专门大学的社会认知，完善制度 ■ 提高基础学习能力，加强德育及价值观教育 ■ 细分对跨文化家庭、残疾人等学生的支持体系 ■ 教育和福利基础设施的尖端化
规划与战略	强调行政、财政透明经营及大学的责任性和伦理意识 ■ 建立符合机构评价认证手册（大学的使命和发展计划、经营领导能力、大学的责任和教育改善）的伦理—透明经营基础

专门大学悬而未决的问题的优先顺序应依次为：规划和战略→教育条件→教育运营→教育成果等。**规划和战略**（4 个项目）是指规划和

目标、领导能力、大学的责任；**教育条件**（1 个项目）是指教职员、学生、教育宗旨及师资、实验室、财政、信息资料资源；**教育运营**（4 个项目）是指教育、产学合作、终身教育、学生支持、运营系统、国际化；**教育成果**（2 个项目）是指新生和在校生补充率、中途淘汰率、就业率、学生个别履历、教育财政（教育之外的收益、产学合作收益、国库补助金收益、教育费还原率）、教育满意度（学生、教职员、产业企业、毕业校友、地区社会）、名声（认知度、形象）等。

专门大学的规划和战略重要性非常突出，但只有在财政投入达到一定程度时，其规划和战略才有可能转化为有意义的教育内容。同时，符合经营时代潮流的教育运营部分是关键，只有这一部分实现软着陆、良性循环时，才能产生一定的教育成果。

四、结 论

现阶段高等教育所蕴含的环境变化因素包括入学资源的持续减少，招生人数不足的情况增加，产业结构急剧变化及其导致的人力需求高度化集中，四年制大学的职业教育强化导致专门大学的整体性混乱和竞争加剧，需求者竞争力逐渐提高，开放教育市场及追求高等教育领域国际化等。

如果将其范围缩小到专门大学职业教育，那么专门大学执行的主要功能和作用：有专业职业技术人才培养功能，反映地区社会各种要求的终身教育支持功能，与地区产业体的共同研究及技术转移功能，职员教育等产学合作功能，为弱势群体提供直接技术教育支持等社会整合功能，韩国型职业技术教育对外出口及支持发展中国家功能等。

发展 40 年的专门大学面临危机的原因不仅仅是专门大学本身的问题，还包括结构性的外部问题。根据金泳三政府的大学教育改革方案（1994 年），很多专门大学成立时的招生名额自由化、大学设立准则主义等，从中可以找到结构性的原因。最近，有一些普通大学也新设了专门大学的热门专业，各大学之间的差异性正在减弱。虽然职业技术大学、产业大学等大学形态上的设立依据不同，但在教育内容上存在类似的重复性。因此，从精准引进 NCS 基础教育、制定符合国际化规格的职业教育制度、引进远程教育（MOOC）体制及强调终身教育等中长期角度出发，应努力改变专门大学的作用，重新调整高等职业教育政策等，进行结构重组。

表 5-7　2020 年前后专门大学规模预测方案 ①

2020 年存续可能性高的大学形态	反映产业社会要求的特性化大学，就业率优秀的大学，首都圈所在的大学，通过结构调整确保竞争力的大学，以成人为对象扩大终身职业教育的大学
2020 年前景广阔的领域或系列	护理、保健系列，社会福利、老年福利、银发产业营销领域，旅游、酒店、食品饮料服务领域，IT、BT、CT 等新增长动力领域，广播、影像、戏剧领域
2020 年终身教育需激活的领域	转业人员、失业人员职业技术教育，远程教育，时长制、学分登记制，夜间班、周末班等弹性学习时间制，学分银行制
专门大学存续规模	预测：100.8 所大学，适当规模：82 所大学
适度就业率	全体：84.88%，正式员工：62.36%

对于备受关注的授课年限自主化政策，也不能因为是"已经过时的政策"而有所忽视，有必要制定对 2—3 年学制的明确标准，推行差异化的教育课程，通过以特定专业领域为中心的四年制授课年限来强化职业教育，对可以引入四年制授课年限的学科及专业进行明确的标准（高技能专门职业人才培养）研究等。

扩大财政支持对专门大学的职业教育有着至关重要的作用，因此，应该参考发达国家的财政支持事例，强调不亚于理工科大学的财政支持的必要性。即为实现能力中心社会，扩大职业教育政策的预算、开发和扩大政府层面的企业基础财政支持项目，除教育部财政之外，为雇佣劳动部的雇用保险基金财政制定法律依据，为产业体的职业教育提供法律依据，为培养地区人才及开发地区产业而强化地方自治团体对专门大学的支持。与此同时，加强法律层面的、行政和财政层面的投入与支持。

---

① 韩国教育开发院，再引用。

在大学无限竞争的时代，进入结构调整局面后，各大学被"适者生存法则"所束缚，只致力于提高在校生补充率和就业率指标，而忽视了职业教育的先进模式。专门大学为适应培养专业的职业高等职业教育目的，应接受教育市场环境及变化的社会要求，构思与先进职业相符合的教育内容。由于高等教育部门的质量评价强化与此相吻合，包括已实施的大学信息公示、自我评价、外部机构评价认证等对大学教育质量评价和改善的要求在内，教育部及监查院监查、特定学科评价指标检查、社会及媒体关注度增加等，都要求建立更加严格的校务管理及透明的指标管理体系。

从专门大学的财政支持项目方面来看，WCC（世界级专门大学）、特性化大学、链接项目、UNITEC（理工学院）项目、IPP（工作与学习并行项目）、政府财政支持限制大学、学费贷款限制大学、经营不善大学等，根据"选择"和"集中"原则的大学结构调整政策，正在推进之中。特别是个别大学要想立足于系统、合理的计划，保证教育质量，需要利用 PDCA（绩效管理）、BSC（绩效考核）、CSF（关键成功因素法）、KPI（关键绩效指标）等等战略性、系统性和定量的方法。另一方面，为了确保高水平的高等职业教育质量，必须增加其他渠道的财政投入。

总之，应以反映大学运营效率的中长期发展规划（包括财政运营计划）为主轴，改善财务支出结构，优化战略投资优先顺序等。最重要的是致力于大学内部的变化和革新。特别是，通过成员间的信任和合作，最大限度地克服从各种评价中直接或间接受到的外部压力。大学内部教职员管理及运营体系的改善，学生支持和教育课程运营等大大小小问题的具体原因及对策的缺乏，大体上都是成员内部沟通不足引起的。如果沟通最大化，可以通过准确的现状判断，了解大学存在的问题，制定未来蓝图，制定实现的计划。确立这种体制时，政府等各种地方自治团体推进的多种政策项目（包括产学合作、就业支持体系、现场实习教育等）的参与意志将高涨，作为地区主要组成部分的高等职业教育机构，可以巩固其存在感和地位。现在，专门大学应该通过"相生与共存"的智慧解决方案，克服认同感流失（Foreclosure）和暂缓（Moratorium），成就认同感。

（2015 年 12 月）

专栏　需要政府协作解决的高等职业教育问题

即将迎来成立四十周年的专门大学正在全方位提出"革新和飞跃"。但是，作为相关部门，国会、企划财政部、教育部、雇佣劳动部、中小企业厅、就业委员会是否睁大眼睛密切关注此事，令人怀疑。如果没有这些有关部门的关心和支持，一半的高等教育专门大学将失去立足之地，进而导致国家的损失。

专门大学自 1979 年改名以来，与普通大学属于两种不同的高等教育体系，在高等教育中负责职业教育部分，培养了 500 多万名产业主力军。这对于引领被称为"融合社会"话题的第四次产业革命时代也起到了决定性作用。特别是，比起学术性、理论性，在培养实用型、技能型的专门职业人才等，为韩国产业创造并注入了更多新的活力。

尽管如此，专门大学在法律规制、财政支持、社会认知方面仍然未能摆脱歧视性劣势的格局。最近，专门大学自行尝试运用新教育模式，革新性地引进职业教育内容（国家职业能力标准，NCS），学习职业教育发达国家授课年限自由化等，但未能得到法律、制度层面的支持，只是得到空洞的回应。

作为国家基础的职业教育部门，应该重新调整为由国家负责和支持，而不是民间的体制。1995 年"大学设立准则主义"以后，雨后春笋般设立的大学进入了结构调整阶段，因此，应根据发达国家的教育趋势，逐渐扩大国立和公立的比例，引导部分不善经营的私立转换为国有制。相当于发达国家专门大学的"社区学院"（Community College），OECD 标准为 85% 以上是国立、公立形态，而韩国仅为 3%。大学授课年限（一、二、三、四年制）也符合超越时空的融合时代，应该交给一线专门大学自主选择。在普通大学、远程大学、职业教育大学、终身教育学院、MOOK 等教学形态多样化发展，学科设置界限逐渐模糊的情况下，只对专门大学实行授课年限进行限制的做法远远落后于先进职业教育趋势，也违背了教育机构的运营公平性。如果赋予大学自主权，没有自身竞争力的大学就会遭到学习者的冷落，自然就会被淘汰，因此没有必要人为地进行大学结构调整。

特别是计划财政部及雇佣劳动部要缩小与四年制普通大学毕业生的工资差距，为了 NCS 软着陆，要协助雇佣保险基金的引资及扩充。专家们认为，NCS 既是职业教育的基础，也是趋势，因此必须保证其可持续性。但如果不想成为"被特性化项目吸引的手段"，就有调整其水平和范围的余地。

与普通大学相对应的专门大学规模相适应，政府的财政支持项目也应该从目前的 10% 扩大到至少 30% 的水平。从"职业教育百年大计"的宏观角度出发，财政投入不该局限在短期项目上，还应落实在学生学费及奖学金、就业创业及创职预备项目等多方面上。例如，有必要像发达国家一样，由国库负担全额学费，而不是半价学费。与普通大学生相比，专科生的社会阶层地位、经济地位相对薄弱，这将成为加强社会安全的重要条件。

总而言之，相关部门的合作应该给职业教育部门提供打破常规的支持。只有这样，才能确保劳动市场的健全性，才能真正实现"从工作岗位到学校、从学校到工作岗位"的终身职业教育制度。另外，在专业及技能未匹配导致社会费用加重的情况下，政府应该制定学历及专业的中长期人力供需计划。大学应该集中精力培养符合人力供需的专业职业人才。如果因为各种评价和财政支持项目，导致本末倒置，那么职业教育的优越性很难凸显出来。

由于要恢复高等职业教育的健全性，跟随先进职业教育的潮流，专门大学成员对新政府的期待比以往任何政府都高。在此前职业教育发展趋势停滞不前的情况下，要求政府层面对专门大学进行革新性思考和政策性支持，不仅要使专门大学获得自主性的"生存权"，还要从高等职业教育中寻找终身职业教育时代国家发展的动力。这是国会、企划财政部、教育部、雇佣劳动部、中小企业厅、就业委员会共同努力的重要时期。

（《韩国大学新闻》，2017 年 10 月）

专栏　高等职业教育走过的路、未来的路

上个世纪，过去的千禧年，开启新世纪，迎来新千禧年的日落和日出，这似乎就是昨天的事情，但是已经过去了二十年。

众所周知，韩国的 20 世纪近现代史以十年为单位，在政治、社会史上不断发生着变化。经历日本帝国主义强占时期迎来光复后的 20 世纪 60 年代，通过"4·19"和"5·16"与旧时代告别，20世纪 70 年代开始正式进入产业化时代，20 世纪 80 年代开始正式进入"5·18"和"6·29"的民主主义阶段，20 世纪 90 年代随着理念的增强，踏上了新自由主义体制的征程。新世纪以后，韩国开始崇尚新自由主义，进入了第六次产业时代 – 第四次产业革命时代，电子产品特点呈现出多样性和融合性，发展速度可以用"飞跃"二字形容。

从首尔大学人口学研究室推算的人口金字塔来看，2020 年代同时代的第一批婴儿潮一代（57—66 岁）将正式进入高龄者行列，第二批婴儿潮一代（47—56 岁）将享受延长退休年龄的福利，X一代（37—46 岁）成为中坚力量，拒绝老一辈的老套作风，千禧一代（25—36 岁）将加速进入社会，超低生育成为现实的 Z 时代已经来临。韩国的高等教育也经历了这样的历史趋势和时代拐点，四年制普通大学的职能以学问、理论为中心，而两至三年制专门大学则以实用、职业、产学为中心。最近，随着就业和创业的时代使命的召唤，各领域间的界限变得没有那么明显，然而，两者不断产生火花，成为国家发展的引擎，这是不争的事实。

从高等职业教育领域来看，专门大学教育在 1979 年制定《教育基本法》和《高中教育法》后，为了实现"专门职业人才培养"的目标，一直积极向前迈进。不仅被当作四年制普通大学的"庶子"，在与普通大学产生冲突的政府财政支持规模和毕业生的工资差距等方面，承受着"一边倒"的压力与无奈。因此，专门大学本身想要改变现状，解决问题的决心也是非常坚定。2005 年 5 月，韩国首次成立了高等职业教育革新本部，将专门大学存在的诸多问题列入议程进行讨论，并且在全国人民面前展示出了制度层面的魄力与决心。

最近成立第三次革新本部也是基于对高等职业教育的追求。通过这种不间断的努力，学院（College）变成了大学（College & University），院长成为校长，从两年制为主转变为三年制至四年制学科及专业深化课程，并迎来了教师资格与薪资统一标准化的新局面。其中最有价值的成果是，从被忽视、歧视的"专科学校"，脱胎换骨成为名副其实的职业教育大学，实现了完成普通大学学业后，为了实质性的就业而"回炉"（U-turn）重新入学的过程。百岁长寿时代，教育公学方面的最大话题就是职业教育和终身教育，要确保其成为社会发展的两根重要支柱，并且相互作用，相互交织。只有充满活力地运转，才能实现真正的职业教育立国。

总之，专门大学四十年（从改名之前算起的话是七十年）的足迹可以被称为萌芽和形成（1948 年至 1978 年）、成长与发展（1979 年至 1996 年）、革新和飞跃（1997 年至 2019 年）。那么，到了今天，专门大学又有哪些重要议题？需要贴上什么类型的标签？作为高等职业教育，"专门大学的革新和飞跃带来可持续的答案"应该从"融合、复合时代的大学形态的再结构化"中寻找。现在正是应该欣然接受先进职业教育模式的时候。

为满足未来产业需求的职业教育质量增长，教育部和韩国专门大学教育协会推进的"Master 大学"，虽然引入时间有些许晚，但也是合乎时宜的。

（《韩国大学新闻》，2020 年 3 月 3 日）

第六章　专门大学文化素质教育之写作课的现状与改善方案

一、绪论

作为韩国《高等教育法》规定的"大学教育"，文化素质教育（Cultural Education）的第一要义在于培养市民文化素质的一般教育。其范围从文学、语言、历史、哲学、教育等人文社会科学领域，到数学、生物学、计算机等自然科学领域的基本素质教育。[①] 特别是进入知识信息化社会、全球化的 21 世纪后，文化素质科目逐渐扩大到外语、计算机和互联网、就业和创业等跨学科专业。总之，文化素质教育超越了介绍多种学科知识的单纯层面，重点是强化作为专业基础的教育特点，换言之就是将教育目标和效率最大化。以专门大学教育课程为例，职业能力基础强化、专业能力强化教育正在发生变化。[②]

在 21 世纪知识信息化社会的背景下，时代要求我们有洞察整体的融合性眼光，进行知识融合（Knowledge Convergence）。与此同时，在民主化社会中，为履行全民教育的责任和义务而努力。即通过多学科之间的交叉和相互作用，培养能够应对时代变化（Paradigm Shift）的人

[①] 由于这种本质属性，文化素质教育被统称为通识教育（general education）、人文教育（liberal education）。文化素质教育与教授职业技术和专业技能的教育形成了鲜明的对比，从这一点来看，与传统的"通才教育"（liberal education）有着相似的意义。1945 年哈佛大学的《自由社会中的文化素质教育》（A General Education in Free Society）中，对文化素质教育做了如下的规定："必须面向所有公民进行教育，与传统自由教育限制在少数精英阶层不同，现代自由教育必须面向所有年轻人进行普及性的、通识性的教育（general education）。"

卢宽范：《振兴大学文化素质教育的政策建议》，经济人文社会研究会，2009 年 3 月。

[②] 20 世纪 90 年代后期以后，教育部财政支持政策开始实施，以四年制普通大学为中心，实行（基础）文化素质学部、文化素质教育院、文化素质学院等多种形式的文化素质教育。

才。①

但是，韩国专门大学的现状与这种发展趋势还存在一定的距离。根据《高等教育法》，以"培养专业职业技能人才"为目标的专门大学，由于其短期学制的特性，只注重学位的获取，而忽视文化素质教育课程，课程运营还停留在获取片面信息和知识的层面。与此同时，文化素质教育与专业教育的关联性没有明确定义，而是被评价为单纯的"基础教育"。另外，与以专任教师为中心的专业教育不同，大多数专门大学是以众多学生为对象进行大班授课，兼职讲师的比例较高也是问题之一。

根据这样的现实，分析专门大学文化素质教育的实际情况，根据以能力为主的专业人才的时代要求及变化，促进与相应的认识的变化，可以说是合乎时宜的课题。众所周知，文化素质教育应该把重点放在对人类、社会和自然的广泛理解，以及通过这种方式确立世界观和培养分析性、创意性的思考能力上。本章节将以语言教育（写作与会话）为中心，对文化素质教育进行深入分析。

在大学，写作训练作为文化素质教育的新方向而被强调是令人欣慰的。在文化素质教育的必要性逐渐扩大的时期，韩国教育部于 2009 年实施的"为加强本科文化素质教育，制定国家标准支持方案研究"的政策性课题就是反映这一发展情况的事例。提案中规定，"为了培养全球创新型人才，需要对大学水平的基本文化素养（核心力量）进行分析，需要制定符合世界优秀大学学科教育基调的文化素质教育强化方案，需要制定基础素养教育的国家标准支持方案"。其中包括对社会、大学、学生共同需要的全球创新型人才的基本素养分析，对基础文化素质教育课程中的学科融合现状和课外活动（Extracuricular Activity），大学制度支持现状，海外大学基础文化素质教育最新动向等的分析，以及掌握大学基础文化素质教育现状。

大学写作通识课大体上都是以"大学国语"（国语精读）、"国语作

---

① 全载术等著：《大学教育与文化素质教育》，《学术性写作的理解》，教育科学社2011年版，第 3 页。

文"为开端，逐渐演变成"思考与表达""说话与写作""逻辑思考与写作""文章的理论和实际""自然科学写作""理工科写作""社会科学写作""写作与想象力""阅读与辩论"等众多的细分科目。从以练习阅读为主开始，经过作文这一过程，目前阅读和写作、口语和听力等教育根据各大学的特点，呈现出混合教学的现象。如此，在知识型社会，人们提高了对多种理论探索和实际运用方案的认识和理解。

作为大学文化素质教育科目，写作教育的目标是培养多种学术活动所需的逻辑性思考能力，提高学生的表达能力。作为通识科目，强调写作课程的原因是，在信息洪流中，需要有事实把握能力、批判性思考能力、分析与整合信息的逻辑性思考能力和验证多种文化关联的解决问题的能力。

徐廷赫（2006 年）表示，"作为文化素质教育科目，写作教学的终极目标是以引导批判性思维为前提的。批判性思维是指以某种见解和事由为基础、逻辑性的分析和掌握能力"。元真淑（2005 年）表示，"通过写作培养逻辑性思考，不仅使得写作行为变得有意义，同时，写作的过程也是根据写作目的改变和形成认知的过程，包括从多种可能性中选择特定方案的协商过程。即应该把重点放在通过谈话的方式获得灵感，形成一定的创意性思维后进行扩展性写作，而不是单纯地、技术性地写好文章"。

根据这些论述，写作课程与现有教育体制有一定的偏差，如果说固有的写作方式是单纯的作文，那么现阶段的趋势是要求进行论述性写作。这在工学认证制或机关评价认证制要求的详细检查事项中也可以得到确认。因此，作为以实务为中心的实用性写作，不仅需要练习写作简历和自荐书，还需要引入大学及研究生院的学术报告和注重论文写作的学术性写作，关注陈述和沟通交流技能，面试要领等多种课程。① 特别是根据"跨学科"（Interdisciplinary）的融合特性，从写作课作为专业之间的"连接课程"的角度来看，也是良性循环机制。但是作为文化素质教育科目，写作教育存在着内、外部问题也是不争的事实。正如郑熙谟（2005 年）所说，为了解决大学写作教育的问题，急需拓宽专业研究者的研究领域，改革教育课程。即为了能在教学方法、评价方法、写作能力诊断和训练方法、增删改查方法、写作协同学习、教程系统、泛教育式写作方法、智能写作等方面实现理想的大学写作教育，有必要开发多种写作项目，设置不同水平的教育及阶段学习的教育课程。

第二种是沟通能力课程的实质性运营。正如陈正一（2011 年）所主张的那样，要想在知识信息化社会中过上成功的人生，必须具备沟通能力。考虑到沟通是表达者和倾听者之间传达信息的过程，沟通的成败取决于表达者和倾听者的信息输入能力，以及理解和生成观点的思维能力。因此，需要加强阅读教育、写作教育，实现文化素质教育课和专业课有机结合，促进写作教育的体系化发展。

二、专门大学的"机构评价认证制"与
职业能力基础科目之"写作"

世界级理工学院美国麻省理工学院（MIT；Massachusetts Institute of Technology）之所以对写作教育倾注心血，是因为他们认为技术人员和科学家等科技领域从业人员的工作中，有超过 35% 的部分与写作有

---

① 举例来说，在大学入学考试招生中，大学方面要求的自我介绍书的撰写就是这样的实用的写作事例。很多大学都以如下模式进行：1）自己的成长过程和这种环境给自己的生活带来的影响；2）报考我校的初衷，以及为此做了哪些努力和准备，在校内外活动中，对自己而言最有意义的活动是什么；3）入学后的学业计划和今后的发展计划；4）自己经历的最大困难是什么，通过克服这些困难，自己有哪些方面的成长。

其中，第 1）项考察的是自主能力和领导能力，通过一定的人生经历，确定考生的成长及发展可能性；第 2）和第 4）项通过做志愿者活动的内容和动机，考察考生的奉献精神，以及克服逆境取得成就和发展的可能性；第 3）项是评价考生对报考专业的热情和专业匹配性，评价时各占 5 分。

很大关系。特别是大学毕业生们提出的"把写作列为必修课"的建议，使写作教育体系化，充分体现了对写作教育的重视程度。参考已经成为范例的普渡大学的方案等，麻省理工学院于 1982 年成立了"写作与沟通中心"，并将写作讲座设定为必修课。虽然是工业大学，但必须完成八门以上人文学科目的学习，而且必须撰写各科目的报告书。[1]

即使有发展科学技术的创意，如果不正确地表达出来并广为传播，便毫无意义。再怎么有创意的想法，如果不能将其文字化，将是无用之物。[2]1990 年代中期引进并运营的项目之一——"写作与人文课程"（PWHS，Writing and Humanistic Studies）的目标是利用写作，为有效整合人文学知识打下学术基础。

另外，作为本科必修课程，设置沟通与讨论科目（CI，Communication Intensive），包括学习专业最基本、最实际的工具——沟通能力，即写作、会话、讨论，及视觉沟通（Visual Communication）等。每学期至少要写 20 页以上的报告书，提交至少一个以上的校对本，随后进行口头汇报。特别是 MIT 的写作教育系统不再由本科部单独运行，而是由多个学科、中心、机构联合进行。

从韩国的情况来看，数学能力考试中的语言问题集中在例文的内容上；在英语学习中，也有很多阅读题型，要求归纳中心思想的内容。尽管如此，韩国学生的阅读理解能力依然稍显不足。韩国学生在美国研究生入学考试"GRE"（Graduate Record Examination）中出现失误就源于阅读能力（Reading）的缺乏。阅读理解力之所以重要，是因为在知识信息化社会，掌握作者的真正意图是开展工作的关键。

从这个意义上讲，申善庆（2009 年）的《大学写作教育和各系写作，工学认证和工学写作教育的新模式》具有很大的启示意义。他不断思考科学技术领域的时代变化和反映这一变化的大学理工科教育的发展方向，并为新时代理工科学生制定了写作教育的合理模式，其论点与

---

① 本书参考了林再春的《技术性写作》（2006）报告书中的理论与资料。
② 该中心的史蒂芬·斯特兰所长表示，"据我所知，MIT 为了提高学生的写作能力，每年投入约 200 万美元。写作和沟通中心致力于提高学生的文字表达能力"。

实用性写作相契合。他表示：1）基础实用文写作内容应考虑科技工作者的专业方向和职业活动上的写作特点，以问题导向（Problem-Based）方法进行重构；2）为培养具备论证能力的科学技术者，应补充供其学习的内容；3）应加强跨学科的协作沟通方面的教育内容。

韩国专门大学开始实行评价认证制度后，职业基础能力科目中的写作能力就显得尤为重要，具体来讲，开设关于"沟通能力"的科目的必要性逐渐凸显。[①] 得到教育部长官认定（Recognition）的认证机构旨在建立根据各个大学的申请，对大学的整体运营（机构评价），以及教育课程运营（项目评价）进行认证（Accreditation）的系统。[②] 为了保证专门大学教育课程的顺利开展，之前曾有过学科评价。

但是机构评价认证制与学科评价不同，其目标是持续提高专门大学教育质量，通过持续的后期检查维持认证标准，使大学教育质量做到可持续发展。从学生、家长、产业企业等教育需求者来看，通过大学提供的正确信息，教育质量可以得到保障。此外，还可以通过构建先进的大学经营体系，提高国内外竞争力和教育及行政服务的满意度；通过提高专门大学教育的信赖度，扩大社会对职业教育的需求；通过征求学生和产业企业等意见，提高以需求者为中心的职业教育质量，确保国际化的"等价性"和"通用性"。

在专门大学机构评价认证制度中的具体评价指标里，就包括了作为素质教育科目的职业基础课程的定性指标。"2.2.2 职业基础文化素质及基础学习教育"中，对政策规定和方针、活动内容、委员会活动、企划

---

① 根据韩国《高等教育法》第11条第2条（新设2007年10月17日）中的关于高等教育机关评价认证等相关规定（制定2008年2月17日总统令第21163号），为提高作为高等职业教育机构的专门大学的教育质量，增强其责任感，持续改善职业教育质量，专门大学从2011年开始实行评价认证制度。认证制度由9项宏观标准、27个具体标准、72个评价要素组成。该制度是以接受一线大学的申请，大学自行实施的自我评价为基础，对大学的使命和发展计划、教育、产学合作、学生、教师、图书馆及信息资源、经营及财政、教育设施及资源、大学的责任和教育改善等大学运营整体质量保障，进行审查并给予认证的制度。

② 这里的认定（recognition）是指"政府通过检验专业的评价及认证机构是满足基本要求，在评价与认证实力、评价与认证标准和程序等是方面否妥当，确认该机构是否符合评价与认证基本条件的行为"，认证（accreditation）是指"专业的评价及认证机构确认满足大学整体运营或教育过程质量得到保证和改善与否的一定标准"。

运营－改善检查－反馈整改结果进行评价。[①]

表6-1　专门大学文化素质教育中与"语言与文学"相关的常规课程
（2011—2012年）

专门大学	科目名称	课程内容	适用范围	学分	课时
甲大学	大学语言	文学史＋文学概论	全系	2	2
乙大学	大学语言	文学史＋文学概论	全系	2	2
	商业文书	实用写作法	部分专业（改善反案）	2	2
	社交沟通	沟通技巧	部分专业（改善方案）	2	2
丙大学	人际关系、沟通	沟通技巧	部分系	2	2
丁大学	写作	写作和语法	部分系	2	2
戊大学	企划报告写作	企划书撰写实务	部分系	2	2
己大学	Excel，演示与报告	技能实践	整个系	2	2
	写作和口语	写作和口语	整个系	2	2

表6-2　专门大学文化素质教育中与"语言与文学"相关的非常规课程
（2011—2012年）

专门大学	科目名称	课程内容	适用范围
甲大学	撰写就业材料	简历，自我介绍信，个人作品集	全系
乙大学	就业营	就业文书的撰写，面试指导	全系
	提升基础学习能力	提高国语基础学习能力	部分系
丙大学	提升基础学习能力	撰写简历和自我介绍	全系

---

①　例如，向认证院评价组提交的自我评价报告书（全南道立大学事例）中，明确指出该大学满足以下几项认证事项：（1）文化素质教育运营政策与全南道立大学中长期发展计划第1章《大学的教育目标和人才培养目标相衔接》。文化素质教育教育课程的制定与运营则根据《校规》第7章第29条——教学及课程中的教育课程编制及运营相关事项，包含相关具体内容，并按制度运营；（2）文化素质教育课程根据2013学年度、2014学年度、2015学年度的教育课程开发计划方案，由一般教育、职业基础能力、专业基础构成，经教育课程委员会审议，由校长确定并运营，因而满足评价标准。

续表

专门大学	科目名称	课程内容	适用范围
丁大学	提升基础学习能力	读报教育（NIE，Newspaper in Education）写作课程	全系
		人格发展读书大赛	全系
戊大学	提升基础学习能力	三星职业能力测试（SSAT）课程	全系
己大学	演示与报告	掌握演示与报告技巧	全系
	写作和口语	写作和口语	全系

注：非常规科目外包给专业咨询企业或采取非专职教师的讲座形式

　　表 6-1 和表 6-2 的案例符合机构评价认证的标准，这些是将常规科目和非常规科目进行分类、开设文化素质教育科目的大学的自我评价报告案例。

三、"NCS 体制"的引进与专门大学的文化素质课之"写作"

　　国家职业能力标准（NCS，National Competency Standards）不以学历为评判标准，而是面向以能力为中心的社会教育机制，从国家层面为所有行业与职业的从业人员提供标准化的知识或能力的职业能力单位（Unit Of competency），以及由能力单位要素构成的"教学明细表"。[①]

　　NCS 源于现场业务和教育培训资格的要求，即作为以工作岗位为中心的教育培训的重点，在选拔或聘用人才时，可以作为判断能力的标

---

　　① 一个 NCS 由多个核心能力单位组成。此时，即使是类似名称的能力单位，根据 NCS 的性质，其内容也存在差异。例如，即使是相同的"整理桌子"能力单位，咖啡屋的桌子整理和餐厅的桌子整理也会发生执行标准上的差异。另外，NCS 决定学习水平。根据核心能力单位水平（level）的执行范围、难度、复杂性等，大体分为 8 级、10 级或 12 级。数值越大，意味着水平越高，通常被视为博士或顶尖专家。另外，每个核心能力水平也体现了教育培训水平，评价每个人的能力与其成就时，可以作为基准点。欧洲大体上分为 8 个阶段或 12 个阶段。以 8 个阶段为基准，分为 8 级博士、7 级硕士、6 级学士、4—5 级专业学士、3—4 级特色高中毕业生、2 级半熟练人员等。

准。另外，为了明确职业间的差异和职业能力的标准，合理比较和测定个人的能力，NCS 的制定也是必要的。除此之外，罗胜一（2013）还认为，从企业或国家层面可以提出在现有工作岗位上成长为最高级别专家的职业能力发展梯度，并且在人事调动时判定其个人能力，发挥判断学历、资格、经历的标尺作用，国家职业能力标准的存在也是不可避免的。

开发 NCS 和 NCS 学习模块的工作小组由各行从业人员及专家、教育培训专家、资格专家、职业分析家、学习模式专家、雇主、相关机构人士等组成。同时，为了制作 NCS 学习模块这一标准化"教材"，会在开发过程中讨论并收集相关工作指南与手册、质量评价标准、设备使用方法等。NCS 开发的不仅包括现场专家，还包括制定 NCS 标准教材（学习模块）的教育培训专家。

罗胜一（2013 年）表示，NCS 可以用于人力培养和聘用、人力资源管理等全领域、各阶的职业能力的开发及提高。具体来说，通过教育课程改革以及教学改善，促进以工作岗位为中心的转变，也可以在职业培训中提高以实务为中心的职业能力。在资格领域，可以根据产业需求进行资格改革和管理。在企业聘用劳动者时，可以通过职业能力评价制度聘用适合具体岗位的人才；劳动者在入职后，可以将其运用在人力资源管理上。最终可以确立成为个人能力认证标准的国家力量体系（NQF）。

金英日（2014）表示，"与能力相去甚远的教育与培训作为就业准备、与能力无关的聘用方式、与能力无关的晋升体系、工资体系、不以能力为晋升标准的恶性循环，正在反复上演"，NCS 的诸多规定，正是为了打破这种恶性循环，实现以能力为中心的社会。他补充称，其波及效果可以将整个社会塑造为以能力为中心的社会，并在改革过程中起到核心作用。具体来说，"教育培训机构（特性化高中、职业高中、职业学校、POLITEC、专门大学、大学等）能够根据 NCS，培养出符合岗位需求的人才，实现以工作现场为中心的定制型教育"。图 6-1 是作为NCS 主体的教育部、劳动部、产业人力管理公团绘制的国家职业能力标准开发及应用的体系图。

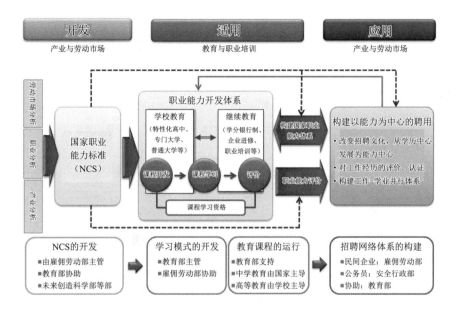

图 6-1　国家职业能力标准开发应用体系

NCS 可以成为带动教育培训与工作岗位、资格制度等相互连接的核心手段。但是，NCS 是以工作岗位为中心的概念，并不是评价特定专业的准确性或实用性的标准。因此，对与创造工作岗位没有直接联系的特定学术领域，从 NCS 角度进行评价或判断，要避免"我行我素"的错误。在文化素养国语、文化素养英语、外语等语言领域，以及与人格开发相关的人文学等领域，引入 NCS 多少有些牵强。以下为 NCS 方法体系里，在专门大学文化素养科目中选取的关于职业基础能力的十个科目。一线大学也许正处于实行 NCS 的初期，大体上取消了现有的教文化素养科目，其中 2—3 个科目是符合各学科专业特点的方向。

表 6-3　专门大学职业基础能力文化素质科目及二级能力单位要素

序号	职业基础能力	次级能力单位要素
1	沟通能力	文字理解能力 / 文字写作能力 / 听力理解能力 / 语言表达能力 / 基础外语能力

续表

序号	职业基础能力	次级能力单位要素
2	解决问题的能力	思考能力 / 处理问题的能力
3	资源管理能力	时间管理能力 / 预算管理能力 / 物力资源能力 / 人力资源管理能力
4	信息能力	计算机能力 / 信息处理能力
5	组织理解能力	国际意识 / 组织体系理解能力 / 管理理解能力 / 业务理解能力
6	维修能力	基础计算能力 / 基础统计能力 / 图表分析能力 / 图表制作能力
7	自我开发能力	自我意识能力 / 自我管理能力 / 职业开发能力
8	人际交往能力	团队协作能力 / 领导能力 / 冲突管理能力 / 谈判能力 / 客户服务能力
9	技术能力	技术理解能力 / 技术选择能力 / 技术适用能力
10	职业伦理	劳动伦理 / 社区伦理

另外，以 NCS 体制为基础的职业基础能力文化素质教育课程改革或开发将按照以下步骤进行。作为大学文化素质课程，现有的"写作和口语"相关科目在引入职业基础能力课程的同时，全面统一了"提高沟通能力"科目的要求。目前，"提高沟通能力"科目包括沟通能力、文字理解能力、文字写作能力、听力理解能力、表达能力、基础外语能力等六个二级能力单位要素，这些二级能力单位要素的详细内容由学习目标、事例、活动、内容、学习评价等顺序构成。

但是，现有的"写作"科目所聚焦的核心教育战略和方法是否正在转变为更合理、系统、深化的"提高沟通能力"的科目，仍存在诸多疑问。

学习模块中的事例、活动、内容、学习评价等方面，也在适时性，以知识背诵方式为主，内容普遍性，评价方式陈旧等方面存在一定的问题。对于这一学习模块的局限性、难点和改善方向，还需要另行讨论。

表 6-4　专门大学职业基础能力文化素质科目开发体系

步骤	开发和引进程序
第 1 步	产业主体对职业基础能力的需求分析：产业需求水平、新招聘人员能力水平与企业需求相适应的程度、企业是否培养所需人才、是否开展岗位工作
第 2 步	企业需求职业基础能力分析：大型企业与中小型企业学习内容需求的比较
第 3 步	了解职业基础能力评估领域和级别的概念定义
第 4 步	设置职业基础能力水平
第 5 步	职业基础能力课程开发课程
第 6 步	职业基础能力和学业成就之间的关系
第 7 步	NCS 职业基础能力培训课程开发：问卷调查与分析
第 8 步	NCS 职业基础能力培训课程开发：结果分析及选定学科范围
第 9 步	NCS 职业基础能力培训课程运营：运营实施和检查
第 10 步	NCS 职业基础能力培训课程运营：反馈意见与改进

四、结论：专门大学写作课的局限性与改善方案

在 21 世纪知识信息化社会中，将交流沟通效率最大化的教学体制是合时宜的。在这里，交流与沟通的两大轴心可以归纳为写作和说话。一直以来，在高等教育（大学教育）体系中，为了激活"写作型思维因素"和"说话型表达因素"，付出了很多努力。从开设工程认证制，到开设以本科为中心的大学、文化素质基础教育院等，最近还实行了大学评价认证制、职业能力标准制。

大学写作教育不同于以往一般的通识课讲座，开设必修课或专业写作课的情况较多。虽然写作教育的内容正在系统化、专业化，但其效果却没有明显体现出来。这是因为重视写作理论原理或方法论的倾向较多。

例如，现有课程的写作战略包括第 1 阶段背景知识的运用和连接（将文章的内容、展开结构、结构形式、文体等与个人经验相联系，与

其他文本内容相联系，文本和时事性话题相联系等）、第 2 阶段积极提问［这篇文章是关于什么的故事，该文章是关于谁的主张，该文章的中心内容（要点、主题、结论）等，该文章如何进行说明（论证、主张），该文全篇或部分内容有没有依据现实展开，是否真实，这篇文章的重要性（焦点、意义）体现在哪里等］。

另外，还有第 3 阶段视觉化和推论（通过背景知识和文本中包含的线索在脑海中形成画面），第 4 阶段筛选重要内容（区分核心文章、词汇、单词，并将其排序，完成命题作文），以及第 5 阶段阅读检验并纠错（检查是否阅读正确，指出错误，提出适当的阅读方法，综合理解单词、文章、文章和文章之间的关联），第 6 阶段摘要与整合（用自己的语言方式，简要叙述文章内容；"整合"的核心要素是通过创新性的组合，生成新的知识内容或创意）。这些具体内容作为写作学习的必要充分条件，未能在合理的范围内运用到实际教学当中。

因此，黄成根（2005 年）表示："写作教育是学生们的基础能力教育，比起实务性的教学内容来说，理论性知识的传授更多一些。虽然将理论和实务并行，但依然存在授课指导效果不佳的情况。部分大学虽然把重点放在写作教育的实务上，但是还没有脱离过去的写作教育的框架。写作教育首先要在一个统一的大框架下进行。"[①] 尤其是大学的写作教育，不能单纯停留在单一类型的写作上，而是应该引导学生进行全方位的写作，以便能够写出多种多样的文章，因此应该从知识的生产角度进行写作教学。

另一方面，元万熙（2009 年）表示："最好的方法是通过写作来体现特定专业领域的全部探索过程。即将专业学习和写作进行整合的形

---

① 黄成根（2005）认为，写作教育因教师对写作教育的经验和方法论、知识传达方式而异，但只有形成写作理论、实习、评价的三位一体，才能进行有效的教育。他谈道："特别是写作教育与其他科目不同，比起单纯的学术性，更注重实践性和应用性，因此比起细节内容，更需要概括性内容的理论性学习。写作的实践指导也需要具体的实操来支撑。写作的实践指导有重视规则的实践指导和内容的实践指导。重视规则的写作指导是指重视语法规则、文章规则或表现规则的写作指导。重视内容的写作指导，比起语法上的规则和表现规则，更注重文章内容的输出。但是，写作的实践指导应该成为重视内容的写作指导，而不是重视规则。"

式，也就是泛教育式写作（WAC，Writing across the curriculum）。这一写作教育方法论与大学所追求的学术专业性和高效沟通能力，加强教育竞争力的时代要求是一致的。"可以说，这是与时代潮流相适应的，具有一定前瞻性的论点。

以下几点是对专门大学提出的写作科目的改善建议与实施方法，这也符合高等职业教育评价认证院提出的制度化要求。

首先，为实现大学教育课程的良性循环智囊团教学中心作为内容智囊团提出以下运行方案。即有必要激活写作中心，构建写作教学的课程及系统，扩充专职教师，重新定义写作教育的各个阶段的设计、开发，以及应用。

第二，努力完善和提高机构评价认证内容。应该革新性地修改和完善目前的职业基础能力课程内容，将岗位现场的实操作为学习方针，转变教学模式。与此同时，应通过论坛、研讨会等，改善实际项目。

第三，为了提高教学能力、学习能力，要采用多种学习方法。例如，现有的问题驱动法（PBL）方法，以及导师与企业专家共同指导完成与专业相关的自由主题作业（ABL）的方式等。[①]

更多对"沟通能力"教学（学习模块）的讨论，将留做日后研究的课题。

---

① 讨论法（Discussion Method）、问题解决法（Problem Solving Method）、合作学习（Collaborative Learning）、项目教学法（Project Method：项目学习）、认知学徒制（Cognitive Apprenticeship）、自主学习（Self-Learning）等，要根据能力单位要素，选择适当的方式合理进行。

第七章 工业4.0时代高等职业教育的改革与创新

一、绪论

自1979年更名，到2017年的今天，专门大学进入了改革与飞跃的重要发展节点。上一届韩国政府以2017年就业率达到80%为目标，以培养引领知识基础产业和创新经济的核心专业技术人才为标准，以"将专门大学重点发展成为高等职业教育核心机构"为口号，将建设100所特色大学（SCK），建设终身职业能力培养领军大学（终身职业教育大学），实现学位课程及授课年限多样化，开设产业技术名匠研究生院，落实以能力教育为核心的国家职业能力标准（NCS）学习模块等作为具体的政策目标。

以上政策聚焦于：实现以能力而非学历为中心的社会，通过以社会及产业需求为导向的特色化来提升专门大学竞争力并培养优秀人才；通过设计并运行岗位现场导向型教育课程，积极引导以产业需求为中心的专门大学教育体制改革；积极应对成人教育等新型职业需求；实现授课年限多样化以强化国际高等职业教育能力等。

截至2017年，通过宣传并落实建设特色化专门大学，扩大以国家职业能力标准为基础的课程规模，建设终身职业教育大学，为授课年限多样化修订《高等教育法》，持续推进世界级专门大学（WCC）项目以加强专门大学国际化教育实力，开发就业保障型高中—专门大学联合教育课程（Uni-Tech），开设并扩大贴合社会需求的专业等一系列政策，韩国社会对专门大学的认知得到了持续性的改善，其财政支持规模也逐步扩大。

专门大学申请重新入学（U-turn）的人数逐年增加（2014 年 4984 人，2015 年 5489 人，2016 年 6122 人），针对特色化的支持规模也逐年扩大（2014 年 78 所学校 2696 亿韩元，2015 年 79 所学校 2969 亿韩元，2016 年 83 所学校 2972 亿韩元）。从表 7-1 可以看出，进行项目改革的现行课题发展趋势较好，但前期课题成果不容乐观。

当然，还存在一些消极的现实因素。例如，伴随着大学结构改革的推进，大学入学人数预计将减少 9.2%，大学运营将面临诸多困难。同时，长期的经济不景气也导致经济情况持续恶化。1999 年后，青年失业率达到了历史新高 12.5%（以 2016 年 2 月为准），而这种青年就业的"断崖"现象预计也将持续。

表 7-1　建设高等职业教育中心机构专门大学课题及成果指标 [1]

成果指标	计算公式（或计算方法）	近 2 年业绩		2016 年目标值及业绩		
		2014 年	2015 年	（A）目标值	（B）12 月末业绩	达成度（B/A%）
特色专门大学毕业生就业率	KEDI 高等教育机构毕业生就业统计调查（以 12 月为准）	61.4（61.4）	69.8（67.8）	72	72	100
修订《高等教育法》（为授课年限多样化提供依据）	国会议案情报系统	未修订	未修订	修订法案	未修订	—
终身职业教育大学非学位课程进修人数增长率	（当年全部非学位课程进修人数或上一年度非学位课程进修人数）×100（15 年非学位进修人数）	新规	114	125（增加10%）	139	111

---

[1]　教育部自评报告书，2016 年下半年。

成果指标	计算公式（或计算方法）	近2年业绩		2016年目标值及业绩		
		2014年	2015年	（A）目标值	（B）12月末业绩	达成度（B/A%）
世界级专门大学（WCC）全球教育实力指数	全球实力指数（WCC大学外国留学生人数或专门大学全体外国留学生人数×0.3）+（WCC大学海外就业人数或专门大学全体海外就业人数×0.7）	24.5	38.6	39.95	40.11	100.4
实行专门大学-POLITEC联合课程学院数	实行专门大学-POLITEC联合课程大学数量	新规	15	17	17	100
参与就业保障型高中—专门大学联合教育（Uni-Tech）学生数	960（16个事业团高中1—2年级学生数）×0.9	新规	432	864	960	111
特色专门大学培养项目政策需求者满意度	受惠对象的（学生、教职员等）满意度调查，根据里科德5分法测定分数后换算成100分制	新规	—	83	86.6	104

就高等职业教育机构专门大学相关项目的推进情况来看，相较于上届政府的高度关注与期望，项目暂时进入了平缓发展阶段。只有得到政府财政支持的83所特色大学（1类单一产业23个，2类复合产业43个，3类项目7个，4类终身职业教育大学10个）平均就业率略高于70%。终身职业教育大学在学习经历认定制度、提高实际就业率、招生等工作上遇到了困难。而普通大学也开始采用与专门大学类似的经营模式，甚至还出现了"同类杂交"的现象。修订授课年限多样化法案也被搁置。

2016年11月，教育部出台的《有关培养创新型人才的大学本科制度调整方案》，主要提及了灵活调整学位制度（实行学期模块制度、学年分学期制度、集中进修制度、联合课程双学位准入制度），保障多种学习途径（专业融合制度、延期毕业制度、扩大学习经历认定制度适用范围、允许在国内大学间获双学位、允许在四年制专业间转专业）、提供不受时空限制的移动—远程授课（允许巡回授课、研究生远程授课）、缩短硕士课程授课年限并简化毕业要求等。教育部要求一线大学率先实行这一方案。

可见，普通大学的教育课程已然进入了实验和展示的阶段，但专门大学的"授课年限多样化"仍旧停留在被搁置的状态。作为职业教育大学院而备受关注的"名匠大学院"也终成泡影。

在普通大学这强大对手面前，规则没有公正可言，游戏也无法公平进行。虽然张口闭口是"为实现职业教育先进学制范式和职业教育优越性提出可行方案"，但这在普通大学圈根本无所适从。因此，专门大学也束手无策。

关于"NCS 能否 100% 落地"的疑虑也逐渐成为现实。在没有充分准备的情况下，仅根据政府政策来落实财政支持，是很难实现现场实习与训练并行、实际性教育课程的良性循环的。

"特色高中—专门大学—企业""三位一体"的五年制综合教育课程项目（Uni-Tech），虽然是第一个受惠于教育部—劳动部雇佣保险基金政策的项目，但由于部门之间存在意见上的分歧，导致项目迟迟无法顺利落实。据悉，直到今年，也就是项目开展的第 3 年，双方才就意见进行了协商。此外，建设"社会需求导向型专业"能否解决"低增长时代青年长期失业"的结构性难题，也有待商榷。

二、高等职业教育体制的改革方向

2016 年 3 月，根据高等职业研究所、韩国专门大学教育协议会、高等职业教育学会等组织意见制定出了最新方案。其中，方案主要从以下六个方面提出了高等职业教育体制改革的背景与必要性。①符合时代变化趋势的（第四次产业革命时代、人工智能时代、第六产业软着陆、社会企业及社会联合组织等共同体的价值需求与扩大）高等职业教育体制改革；②为克服低生育率与高龄化社会带来的学龄人口骤减问题，建立终身教育体制（School to Works，Works to School）；③由学历中心社会向能力中心社会过渡；④经济低增长时代与青年长期失业背景下，以业务能力为重心的现场教育；⑤强化以先进职业教育模式为向导的国际竞争力；⑥充实职业教育内涵，为社会弱势群体提供社会安全通道。这可以说是为专门大学的改革提供了较为具体的方向。

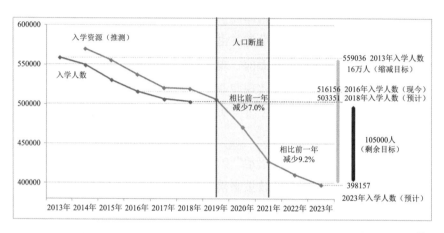

图 7-1　低出生率与老龄化时代，面临"人口断崖"的大学入学人数锐减现状 [①]

该方案就专门大学教育的实际情况提出了以下两点意见。第一，从行政制度层面上看，政策指挥存在效率低下与不合理的情况。也就是说，需要对教育部相关部门的分工与角色进行调整。另外，与发达国家高等职业教育形态相比，相较于国立公立大学，对私立大学的依赖度过高。这可以理解为国家正在放弃作为职业教育主体的责任。

第二，从财政运营角度来看，与 OECD 国家的平均水平相比，政府财政支持力度严重不足。与普通大学相比，尤其是考虑到大学数量与学生数量的情况，专门大学的财政预算远远不够。再加上大部分专门大学由于学费冻结导致收入减少、经营条件恶化，进一步影响了师资引进、支付实验实习费用、NCS 教育课程设备与器材购置等环节。

根据《高等教育法》规定，专门大学的设立目标是培养专门职业人

① 教育部自评报告书资料，教育部大学评价科，2017 年 1 月。

才。根据目前的大学结构，将高等教育分为"理论—知识中心"与"业务—职业中心"两大类、两大方向的方案是较为合理的。但是，这种划分方法只有在以"授课年限自主化（多样化）"为前提才有意义。截至2017 年 2 月，教育部主要包括 3 个室、3 个局、11 个馆、49 个科（组）。而专门大学的相关所有业务，主要由教育部大学政策室管辖的 12 个科室中的"专门大学政策科"负责。另一方面，终身职业教育局还主要负责中小学生及成人的相关职业教育政策。因此，针对专门大学的相关政策支持，可以说是极为有限的。

从表 7-2 可以看出，只有部分科（组）承担小部分的专门大学相关政策，大多数政策皆由专门大学政策科负责。

表 7-2　教育部大学政策科室结构及职能（2017 年 1 月）

部门名称	职能	备注
大学政策科	以国立大学为主的政策、人事、支援等	大学政策馆管辖
大学评估科	高等教育评价认证、大学结构改革等	
大学入学制度科	大学入学制度，高中教育正常化，大学入学考试等	
私立大学制度科	私立大学管理、支持等	
产学合作政策科	产学合作组织、LINC 建设等	大学支持馆管辖
专门大学政策科	专门大学管理、支援等	
地区大学建设科	地方大学支援、大学特色化等	
就业创业教育支援科	就业创业支援、大学志愿、合同专业、公司内部大学、全球现场实习、长期现场实习	
学术振兴科	大学图书馆、人文学振兴、CORE、人文社会基础研究	学术奖学支持馆管辖
大学财政科	ACE+、BK21、K-MOOC、财政支持等	
大学学士制度科	大学学士制度、研究生院、专门研究生院、药学学院、法学专门研究生院	
大学奖学金科	国家奖学金、助学贷款、大学学费等	

表 7-3　以国政管理课题为主的高等教育现状 ①

负责科（组）	管理课题 （编号为课题编号）	绩效指标
大学政策科	25. 推选国立大学校长候选人，支持大学组成员参与制度落实	①推选国立大学校长候选人时，落实大学组成员参与制度
国立大学资源管理组	26. 建立国立大学资源先进管理体系	①国立大学资源管理系统开发进度（%）
大学评估科	27. 促进教育质量提高，建设大学评价及认证体系	①制定两个周期的大学结构改革方案 ②工科大学女学生学业及就业支持满意度 ③留学生学业及生活支持满意度
大学入学制度科	28. 简化大学入学录取工作：国家政策课题	①规定期限内颁布大学入学考试招生简章（共同） ②招生名额内特殊照顾学生人数 ③大学入学信息门户网站使用满意度
私立大学制度科	29. 健全私立大学支援体系，加大信用度与公开度	①进度检查与财政监督完成率（%） ②现场支持服务（大学数） ③正常推进临时理事选任中区法人数 ④根据现场意见进行制度优化（包括撤销规定） ⑤优化国内大学进军海外的相关制度
四分位支援组	30. 建立正常合作机制	①构建正常合作机制
产学合作政策科	31. 推动增加就业的产学研合作示范大学项目（LINC）	①产学合作示范大学教授人均技术转让收入（千韩元） ②产学合作家族公司就业率（%） ③参与产学合作的专门大学专业就业率（%）
地方大学建设科	32. 增加地方大学支援：国家政策课题	①在活用 NASEL 教学成果评价中的得分 ②公共机关地区推荐人才采用比率未达标机构的数量下降 ③扩大地区推荐人才聘用（7级）人员
	33. 建设以培养创造经济人才为中心的产业联合大学	①PRIME 项目推荐大学名额浮动数（名）（共同）

①　教育部，2016 年下半年自评报告书。

续表

负责科（组）	管理课题 （编号为课题编号）	绩效指标
专门大学 政策科	34. 将专门大学重点建设成以高等职业教育为中心的教育机构：国家政策课题	①特色专门大学毕业生就业率 ②修订高等教育法（授课年限多样化） ③同等大学非学位课程进修人数增长率 ④世界水平专门大学全球教育实力指数 ⑤开设专门大学—POLITEC 联合课程大学数 ⑥就业保障型高中—专门大学综合教育课程参与学生人数
就业创业教育 支援科	35. 培养岗位导向型大学人才	①社会导向型学科专业学生人数 ②入选长期现场实习示范大学
	36. 建设大学生就业创业支援基础设施：国家政策课题	①维护就业信息网站 ②参与支持就业创业项目大学数 ③培养 300 个具备创业潜力的团队 ④调查创业潜力团队满意度
学术振兴科	37. 夯实研究伦理及学术研究基础	①研究伦理教育需求人数（百名） ②学术资源共享数（万件）（共同） ③国内学术期刊收录于海外学术期刊 DB 数（种，累计） ④外国学术期刊支持中心用户满意度（分数）
	38. 加强学术研究能力与人文科学普及	①每 1 亿韩元人文科学研究资助产出成果 ②人文科学普及项目满意度（分数） ③建立韩国学振兴事业研究成果（万件，累计） ④标准化排名下学术期刊影响力指数（mrnIF）（共同） ⑤专利注册平均指数（K-PEG 基准）（共同）
大学财政科	39. 扩大大学财政支援，加强教育及研究能力：国家政策课题	①高等教育财政支援金额与 GDP 之比 ②学生对本科教育示范大学项目（ACE）满意度（分数） ③K-MOOC 课程申请数量（件） ④参与项目的研究生人均论文 IF（引用指数）
大学本科 制度科	40. 优化研究生院制度，提升教育实力	①参与模拟评价研究生院数（个） ②放宽专门研究生院相关规定（件） ③根据经济情况发放的奖学金比率
	41. 加强大学学位工作自主意识与责任意识	①完善学位工作相关规定 ②学位管理咨询满意度

续表

负责科（组）	管理课题 （编号为课题编号）	绩效指标
大学奖学金科	42.减轻大学学费负担：国家政策课题	①减轻学费负担效果（共同） ②学费贷款利率 ③勤工助学比率（%）（共同） ④优秀学生奖学金持续受惠率（%）（共同） ⑤可使用信用卡缴纳学费的大学数（开学）

如表 7-2、表 7-3 所示，与普通大学不同，专门大学的所有业务，皆由教育部大学政策室下属的专门大学政策科全权负责。也就是说，与由众多科室分管的普通大学不同，专门大学的所有工作都由专门大学政策科单独管理。

对此，有人认为，在教育政策宏观调整的局势下，认可专门大学在职业教育上的特殊性与固有特性的同时，顺应治理模式由独立向融合转变的趋势，将独立出来的专门大学政策科还原、合并到大学政策室。也就是说，专门大学与普通大学都应在相同体制下运营。只有财政支持、学位制度、学术支持、奖学金制度等皆由大学政策室统一管理，才能避免管理上出现"死角"。

职业教育部门需要借鉴发达国家的经验和智慧。目前，专门大学教授在与职业教育相关的海外研修和学术活动上，几乎得不到任何的政策支持。因此，在建设高等职业教育体制上，专门大学不应该与普通大学隔离，而应该在高等教育的统一体制下运营。这就要求从政府层面出发，对高等教育体制进行调整与重组。

当然，也可以扩大或改编成为高等职业教育政策室。但是，不是作为单独管理专门大学的部门来发挥其职能与作用进而形成"作用体系"，而是采取直接掌管普通大学与专门大学相关事业、学科专业、就业相关事宜的方式。总之，专门大学与普通大学要在单一体制下成为能够相互融合、相互作用的两个作用轴。只有这样，大学的作用与价值才能得到共同提升，进而创造出更好的未来。

课题 34 "将专门大学重点建设成以高等职业教育为中心的教育机

构"，初期凭借上届政府的高度关注与期待，在自评报告中获得了很高的评价。而到了 2016 年末，评价却下降到了中等。也就是说，项目未能按照预定计划落实，或没能根据成果指标完成软着陆，部分计划处于萎缩状态。

目前，在高等职业教育部门中受到较高评价的管理课题主要包括"42.减轻大学学费负担""39.扩大大学财政支援，加强教育及研究能力""33.建设以培养创造经济人才为中心的产业联合大学（PRIMA）""28.简化大学入学录取工作""31.推动增加就业的产学研合作示范大学项目（LINC）"等。可见，比起专门大学，普通大学的相关课题更受教育部门的重视，评价也更高。而成果优秀的管理课题，从标题开始就以普通大学为目标，不考虑专门大学。

尽管大部分课题要求专门大学共同参与，但多数情况是，项目一开始就以不是由"专门大学政策科"管辖而被阻断。大学支持馆与大学政策馆所管项目皆是如此。这就需要制定《高等职业教育建设法》来促进高等职业教育大学（专门大学）的建设与运营，统筹相关法律，灵活调整授课年限（学制）。尤其是考虑到财政政策执行不稳定的现实，还需要明确资金投资条款等内容。

制定《高等职业教育财政拨款法》，在确保高等职业教育所需财政稳定的同时，为高等职业教育机构专门大学的改革发展提供保障。特别是对于财政拨款的具体用法及分配方法，应进行细致的讨论。通过专门大学成员、教育专家、各界意见、研究人员、听证会等各方共同努力，寻求更为详尽的方案。

三、高等职业教育的机构角色体系

如何调整高等职业教育机构的作用体系，是调整普通大学与专门大学作用问题的核心所在。即针对暴露于普通大学与专门大学之间的问题，例如关于教育内容、学位形态、授课年限等存在于利害关系人之间的敏感问题，通过"功能调整与作用体系"的"过滤"，来确保视角的客观性（包括可行性与可靠性）。

申贤硕以单线型为前提，以"折中式分期型学制"为基础，阐述了高等教育体系及其作用。此体系虽是以"6-3-3-4"学制为中心的单线型结构，但囊括了各阶段存在特别学制的各级学校。作者基于对此类学制的理解，通过分析美国、德国、日本等教育发达国家的先进案例，阐述了"高等教育机关的教务及教学课程"。其中，重点提及了"首都圈与地方大学间有意义差异""从高中阶段开始轨迹分离""维持现有体制是合理的""非融合型而是分离型，即区分普通大学教育与职业技术教育两个不同方向的学位及教学课程"等。总之，就是专门大学需要差别化、专业化的职业技术教育课程，要与职业、资格体系紧密结合，开设以提高就业机会为目的的高等教育课程。

同时还强调，专门大学特色化并非是通过大学特色化的相关评价指标来引导完成，而是需要大学自主探索特色化战略，转换成"project or program-based support system"。最后，提出要明确高等教育相关法律体系，为体制改革打下基础。

表 7-4　美国、德国、日本的大学运营特征比较[①]

特征	美国	德国	日本
高等教育机构相关法规及学制	■ 以州为单位制定高等教育法 ■ 两年制、四年制	■ 博洛尼亚进程之后的欧洲一体化体制 ■ 三至四年制	■ 以学校教育法及高等教育法为基础 ■ 两年制、四年制
各类高等教育机构功能及作用	■ 两年制社区学院 ■ 四年制大学 ■ 研究生院大学等多种类	■ 大学 ■ 应用科学 ■ 艺术及音乐大学	■ 四年制大学以"智力、道德利用能力" ■ 两至三年制短期大学以"培养职业或实际生活所需能力"为目标
高等教育机构学位及教育课程运营	■ 本科，研究生院 ■ 继续 & 专业教育课程得到大学自主及州高等教育委员会的批准后运营	■ 本科、研究生院 ■ 继续教育、资格进修课程等大学自主运营	■ 根据高等教育法、标准学分及毕业条件

① 申贤硕（신현석），2017 年 3 月。

续表

特征	美国	德国	日本
课程年限及学位	■ 专业学士 2 年 ■ 学士 4 年 ■ 硕士 1—3 年 ■ 博士多种类	■ 博士 3—4 年 ■ 硕士 1—2 年 ■ 学士 3—4 年	■ 专门高中准学士 5 年 ■ 专修学校 1 年以上 ■ 短期大学 2—3 年 ■ 大学 4 年、硕士 1—2 年

先来看看普通大学与专门大学有关"学制调整及授课年限多样化"的内容。作者以全国 203 所普通大学为对象开展了问卷调查，但仅有 59 所大学完成了问卷。这里需要区分首都大学和地方大学，国立、公立大学和私立大学，专业和任职经验，工作年限等，并进行相应的补充说明。

作者认为，比起按照高等教育机构的种类来规定授课年限，更应该注重不同专业的特色，灵活调整学分，在满足产业现场岗位需求的同时，积极应对学龄人口骤减的问题，提出"大学应采用多种授课年限并开设相应教学课程"。

而对于作为研究对象的三个国家，或"以大学自主性为基础，根据学制改革三种模型设计运营的学位及教育课程"相关的先进案例，还应具体展开说明。例如，美国社区学院完成 1—3 年的授课，日本短期大学在完成 2—3 年的授课后，是如何自主开设四年学士课程、硕士课程和博士课程的。是与韩国一样，纳入与专业相关的四年制大学的结构，还是采用另一种不同的结构，仍需探讨。

作者还强调，"对于改进专门大学授课年限问题，不仅要考虑专门大学本身，还要考虑到高等教育的整体发展方向，根据整体发展战略来进行"，"应根据合理的讨论，更加自主、灵活地改善、融合普通大学与专门大学的学位制度"，"聚焦于改编高等教育学制的同时，应采取让当事人参与公论组织的管理方式，以确保结论的准确性"。这是"授课年限多样化"成为专门大学重点关注问题后，在量的不断积累与质的持续升华过程中得出的结论。

同时，"在学位及教育课程的运营上，三个国家皆尊重大学自主性，根据大学内部决定进行管理"。因此，要积极引进先进高等职业教育案例与时代范式，制定合理的指导方针。总之，就是要根据高等职业教育发展脉络来进行结构的调整与重组。

目前，应通过实质性的政策立法来探索和解决高等职业教育的核心问题。就此，在政府部门的政策评价中，"政策形成阶段"具体规划细则应包括以下几点。①制定合理的计划：确保目标的具体性与合理性，制定计划时应充分考虑政策效果和优缺点，以及现场专家意见；②设定合理的成果指标：代表性成果指标、成果指标标准的合理性；③制定合理的政策及宣传手段：政策措施（法律、制度、行政立案及程序的合理性，宣传计划的合理性）；④相关部门与其他部门现场合作：是否与相关部门、其他部门等建立现场合作机制；⑤针对政策及合理循环的监督问题，制定具体计划。

四、结论

自 2013 年 5 月担任教育部大学发展企划团专门大学分科政策委员后，本人一直以高等教育政策部门自评委员身份开展工作。在上届政府开展的 20 余项教育部国政管理课题中，针对成为高等职业教育中心大学的专门大学、减轻大学学费负担、建设大学结构改革及评价认证制度、引领（链接）产学合作、解决私立大学纠纷问题等有关高等教育的重点问题，本人都参与了年度评估报告的撰写，并提出了问题及解决方案。同时，还为专门大学联合技术事业的良性循环、机关评价认证和结构改革评价的联合运行、私立大学纠纷的调解仲裁清单化、减轻大学学费负担（鼓励采用信用卡缴纳学费）等问题提供了政策咨询。

以第四次产业革命时代为背景，针对高等职业教育的改革方向与作用体系，本章做如下总结。首先，要顺应第四次产业革命时代要求，改革职业教育制度。特别是在克服学龄人口骤减问题上，需要建立终身职业教育体系（School to Works，Works to School）。

同时，要从以学历为中心的社会向以能力为中心的社会过渡。要进行与之相符的教育部内部行政组织改革，调整教育部相关部门的分工与职能。还要实行专门大学一直主张的授课年限自主化。目前，与 OECD 国家平均水平相比，政府财政支持严重不足。因此，也需要将财政支持扩充到相应水平。对专门大学毕业生的社会认知及工资上的差别待遇也需要得到纠正。

在选举上一届总统（朴槿惠）的过程中，曾出现过保留还是废除教育部的相关讨论。目前，高等教育的主要发展方向是设立"高等教育委员会"。公共部门的运营不能落后于民间组织，各部门间的划分与调整要以业务的良性循环结构为前提，而不仅仅是根据业务内容来划分部门。

关于专门大学的政策运营，无论是维持现有政策体制，还是扩大改编为高等职业教育政策室，无论是建立理论—知识与职业教育并存的体制，还是废除专门政策科统一由大学政策室管理的单一体制，但可以确定的是，为建立符合时代要求的先进职业教育专门机构，重置是不可避免的。

为了能够精准解决高等教育机构结构改革的核心问题，还需要设立韩国高等教育评审院（暂称）。目前，一线大学每年要进行二十多项评价认证，其中以机构评价认证、结构改革评价为代表。真可谓是"评价与认证的时代"。深受财政支援匮乏问题困扰的大学，亟须实现单一化的体制管理。

负责评价管理与指标管理的机构主要包括：教育部（大学政策室、专门大学政策科）、韩国教育开发院、韩国职业能力开发院、韩国研究财团、大学教育协议会、专门大学教学协议会等，可以说非常复杂。在大学结构调整的背景下，建立能够确保中长期发展的评价认证体系，这一艰巨任务正在成为一项临时的委托业务。

为了能够系统化、体系化管理高等教育机构主要指标，依据公正的规则和标准开展评价，设计出科学合理的大学结构改革体系，实现单一化管理迫在眉睫。这也是为什么要建立指标管理与评价认证管理相结合，让高等教育这辆马车顺利前行的专门机构的原因。

专栏　高等职业教育结构革新，消灭泡沫与找回本质

自 1979 年 12 月"专门学校"更名为"专门大学"，2018 年韩国专门大学即将迈入"不惑"的 40 年。其间，专门大学以高级职业教育为主旨，以"培养专门职业人才"为口号，带动了所谓的"第六产业""第四次产业革命时代"的高端前沿话题。因此，"为探索先进职业教育实现改革与飞跃"可以说是专门大学的标语。当然，专门大学为了实现以"国民收入 3 万美元时代、100 岁长寿时代、终身学习时代"为目标的先进职业教育，需要在学制形态转换与教育项目产出上做出更大的努力。

对于实现结构改革飞跃的关键，根据专门大学 40 余年的发展经验，可以将其总结为"消除泡沫"和"寻找本质"。专门大学在培养"适材适所"产业人才上经历了无数的荣辱沉浮。在为期不短发展历史过程中，专门大学虽一直带着"二流"的烙印，却仍在斗转星移中收获了成长的喜悦。但未能赶超职业教育发达国家，发展停滞不前的现状也令人惋惜。尤其是造成这种局面的原因不是来自于专门大学内部，而是来自于结构性政策这一点。那么，有没有能够实现改革与飞跃"两手抓"的妙计呢？

首先，需要具体落实能够"消除泡沫"、恰合时宜的计划与策略。上届朴槿惠政府史无前例地把工作重点放在了"集中建设专门大学"上。虽然投入了更多的财政资金，但有许多项目却在初期就应该被叫停。例如，截至 2017 年，年度就业率达到 80% 为目标建设 100 所特色大学（SCK）、建设终身职业教育大学、学位课程及授课年限多样化、建设产业技术名匠研究生院、世界排名推进等项目，在作为政策课题被提交时，专门大学可以说是喜上眉梢。但在完善和细化的过程中才发现，要具体落实还存在诸多问题。特别是，他们的目标在于追求项目的多样性及数值的绝对增长。

　　如今，这要作为反面案例。达成新生及在校生学生人数满员率，是教授学生课程并培养优秀人才的相关大学的分内之事。但就业率却和很多发达国家一样，是由雇佣劳动部、教育部、中小企业风险部、总统直属工作岗位委员会等政府部门来负责。这需要相关部门在整个地区创造就业岗位，调整各行各业及各部门的供需关系。而大学只负责教学课程与教育内容。每年 12 月份，全国的大学都在为"提高就业率"而手忙脚乱。如果以评价认证和财政支持为筹码，在数字指标上对一线大学施加压力，所谓"泡沫就业"的风气就会一直存在。为了撤除暂时的、潜在的就业，积极地为产业预备人才提供就业机会，就需要从上级开始转换意识，致力于提高持续就业率及实际就业率。

　　因此，针对财政支持模式的实质性改革迫在眉睫。针对学生，应尽快提供以半价学费为代表的奖学金、就业规划和就业鼓励机制；针对教师，应尽快提供与 NCS 相关的现场研究及先进职业教育相关研修等有力度的支持。比起追求项目的数量，更需要集中、透明的财政支持。目前，作为学术支持一环的教授海外进修项目，与普通大学不同，专门大学根本无此项支持，这未能落实 NCS 的宗旨。

　　其次，要"寻找本质"。这也是专门大学对现政府寄予厚望的部分。现在正就改编教育部机构立法预告相关事宜征集意见。这是要求摆正高等教育的两个主轴，即普通大学和专门大学之间"倾斜"的竞争标准。只有制定公正的规则，确保竞争的公平性，才能消除两极分化，坚固社会安全。上届政府掌管高等教育部门的大学政策室，由大学政策科等 12 个科室组成。但与专门大学相关的只有 4—5 个科室。也就是说，有关专门大学的所有政策皆由专门大学政策科管理，无法接触到其他科室进行的项目。特别是学术支持科进行的相关业务更是成为"死角"。因此，需要提供仅限于专门大学间竞争的学术支持。国政管理课题亦是如此。与高等教育相关的 18 项课题中，只有 5—6 项是与专门大学有关的。进行机构改编时也要考虑到这种不合理现象。

还应努力消除普通大学与专门大学之间的工资差距。2015年末，以5人以上企业正式员工每月工资为标准，假设高中毕业生工资为100，专门大学毕业生为100.8—113.9，普通大学毕业生为153.0—162.7，工资差距过大。而这种歧视已经持续了15年以上。这就使教育部与其"好搭档"雇佣劳动部间的合作变得非常重要。

文在寅在总统就任致辞中曾描绘"机会平等、过程公正、结果正义"的发展蓝图。这与"消除泡沫，恢复本质"一脉相通。也就是说，在韩国，这就是能够安抚贴着"社会失败者"标签的专门大学成员的"金科玉律"。希望新政府的发展理想与哲学能够真正地融入教育部的高级职业教育政策当中。

（《韩国大学新闻》，2019年1月5日）

专栏　向韩国新政府教育部门领导建言献策

舆论调查结果显示，文在寅政府在上台1个月后，得到了国民舆论的积极支持。也有人说，由于朝小野大的政局，虽然出现了推迟内阁组成等一些不和谐因素，也有侧重于外部政策的倾向，但总统能够摒弃权威主义，可以说是打破了常规。但也可以理解为，以遵从"权力源于国民"为基本原则与理念，恢复标榜横向民主主义的"服务领导力"。

目前，由于外交部长和宪法裁判所长还未通过听证会，其他部门领导则是按照更加严格的第四代人事标准任免。而前任京畿道教育监金相坤已经被内定为教育部长官，正在等待听证会认证。文在寅政府新上任的教育部部长，在实现"教育立国、教育百年大计"过程中，将践行何种教育哲学与未来，策划何种教育工程，都是值得关注的。以往的教育部，因为强制使用不合理的国定教科书、搁置学前教育课程预算、政府财政支援项目不均衡、政府官员发表贬低民众发言等问题，被痛批为"没有灵魂的'不作为'公务员""不符合国民期待作威作福的大佛""不正常的正常化",并刻上了"不进反退"的烙印。

作为经验丰富的教育公务人员,朴春兰副部长已经认识到了问题,并在就职时提出要实现"纠正旧时代错误的惯例,强化国家在教育上的职责,恢复教育民主主义"的抱负。本文将以高等职业教育部门为中心,将指导教育部长分析教育模式的基调和方向、衡量政策立案和表决是否合理的"PEST"方式为切入点进行阐述。

第一是政治、政策、法律背景（Political Legal）。教育相关部门作为国家发展的重要部门,理应由国家政府直接管理,而非非政府机构。自 1995 年实行"准则主义"后,各类高校如雨后春笋般出现,大学结构随之进入调整阶段。就此,韩国应紧跟教育发达国家的发展趋势,逐步扩大国立、公立院校比例,尤其是职业教育（特色高中、专门大学）院校,应该由国家直接管理。国外的专门大学即"社区大学"（Community College）,有 90% 以上是国立、公立大学,而韩国的却仅占 3% 左右。其次,大学内部应加强法人义务,通过鼓励财政透明来缓解学生学费压力。在教育部宏观调控的格局下,劳动部、农林畜产部下属的大学也应借此机会统辖到教育部体系。作为仅次于文化多元性及生态多样性的存在,维护教育多样性固然重要,但也要考虑到人力资源的供需管理及支持等问题。而考虑到教育部门的特性,只在形式上"装装样子"的奖金制度,也应该向更为积极的制度进行转变。

第二是经济环境（Economic）的良性循环体制。针对大学的财政支持,不是以设立项目的方式,而是以提供学生奖学金与学费,或就业创业支援计划等实质性支援的方式进行。大学实力及学位运营能力固然重要,但也要考虑到作为教育需求者的学生的具体情况。因为若是财团大学、地方大学、机关评价不达标大学、结构调整低等级大学,导致无辜的学生无法得到支援,是非常冤枉的。另一方面,对于因专业技能不匹配而加重社会经济负担的情况,应与劳动部、未来部、中小企业厅、工作岗位委员会等进行面对面的讨论，提出各岗位针对不同学历、专业人才的中长期供需计划。大学应集中精力制定符合社会专业人才需求的教育课程，努力培养优秀人才。如果再继续"重事业、轻本业"，造成"本末倒置"的局面，那么也没有未来可言。

第三是社会文化环境（Social）。其关键仍旧是低出生率及老龄化问题。为了保障学生数量及国家发展，实施对婴幼儿给予突破性支援的基础上，鼓励外国留学生走进来、韩国大学走出去，通过终身职业教育扩充产业人才等政策是当务之急。特别是为了让特色高中及专门大学毕业生能够以产业发展带头人的身份自居并获得普遍认可，需要努力缩小工资体系的巨大落差。这不仅要消除歧视，更要实现教育福利。

最后是科学技术环境（Technological）。也就是要制定符合第四次产业革命时代的解决方案（STEAM CONTENTS）。即要运用综合性思维，针对"尚未出现的问题"、"尚未出现的职业"以及"无法预测，但未来可能面临的复杂问题"，进行思考并提出解决方案。第五次教育课程的软着陆也与此相关。

但是，比起政策能力与行政能力，更为重要的是，是否真正具备作为"公仆"的觉悟。只有教育公务员坚持原则与信念，通过谦让和沟通接近教育消费者，对专业知识融合进行可持续性探索，坚持在业务上有所创新和改革，才能真正成为成长一代的"希望的桥梁"。期待教育部门能够实现"破天荒"的突破。

（《全南日报》，2017 年 6 月 21 日）

第八章　公立高等职业院校的现状与改革方案

一、绪论

大学无限竞争时代，伴随着大学结构进入调整阶段，高等教育环境正在急速恶化。老龄人口的增加、人口锐减带来的学龄人口骤减等"人口断崖"问题是其主要原因。但究其根本，还是在于1995年实行大学准则主义后大学数量的大幅增长。首先，本章将考察2017年高等教育部门的整体情况，特别是将以"规划设计—运营—检验—回流"的四分位循环体制为基础，探讨高等职业教育的行政和财政运营状况。

其次，本章将以拥有20多年历史的7所公立专门大学为对象，考察其运营情况，并以结构调整为背景，提出符合其发展要求的改革方案及发展规划。这也可以说是针对公立专门大学的结构重组。这些大学区别于现阶段的四年制普通大学。但与首都圈内的专门大学和优秀的私立专门大学相比，又处于政府行政、财政扶持的"死角"地带。

为了能够达成以上两项研究目标并探索其改革方案，本书将以教育部、韩国教育开发院、韩国职业能力开发院、韩国大学教育协议会、韩国专门大学教育协议会、OECD等提供的资料为基础进行统计与分析。特别是，本书将着重分析和探讨四年制普通大学与专门大学、私立专门大学与公立专门大学、7所公立专门大学之间的行政和财政资料。

1. 大学数量与招生人数的变化

2017 年度的大学数量和招生人数，作为第一个需要探讨的统计指标，可以说是涵盖了现阶段整个高等教育的基本情况。在表 8-1 中，根据不同设立主体与年限的大学数量进行对比可以看出，包括国立、公立、私立在内的专门大学，从 2001 年 158 所到 2016 年 138 所，减少了 20 所（比 2001 年减少 12.7%）；普通大学从 2001 年 162 所到 2016 年 189 所，增加了 27 所（比 2001 年增加 16.7%）。也就是说，从专门大学和普通大学的构成比率上看，由 2001 年专门大学占 49.4%，普通大学占 50.6%，到 2016 年专门大学占 42.2%，普通大学占 57.8%，普通大学的数量增加了 15.6%。从专门大学与普通大学的整体数量上看，由 2001 年 320 所增加到了 2016 年的 327 所，共增加了 7 所（比 2001 年增加 2.2%）大学。同时，政府政策依然是朝着减少专门大学与国立专门大学，增加普通大学与国立普通大学，即以普通大学为中心的方向推进。

①国立大学数量

专门大学：从 2001 年的 6 所到 2016 年的 2 所，减少了 4 所大学（与 2001 年相比减少 66.7%）。

普通大学：从 2001 年的 24 所到 2016 年的 34 所，增加了 10 所大学（与 2001 年相比增加 41.7%）。

专门大学与普通大学的构成比率：2001 年专门大学占 20%，普通大学占 80%；2016 年专门大学占 5.6%，普通大学占 94.4%，普通大学多占 88.8%。

②公立大学数量

专门大学：从 2001 年的 9 所到 2016 年的 7 所，减少了 2 所大学（与 2001 年相比减少 22.2%）。

普通大学：从 2001 年 2 所到 2016 年的 1 所，减少了 1 所大学（与 2001 年相比减少 50.0%）。

专门大学和普通大学的构成比率：2001 年专门大学占 81.8%，普通大学占 18.2%；2016 年专门大学占 87.5%，普通大学占 12.5%，专门大学多占 75%。

③私立大学数量

专门大学：从 2001 年的 143 所到 2016 年的 129 所，减少了 14 所大学（与 2001 年相比减少 9.8%）。

普通大学：从 2001 年的 136 所到 2016 年的 154 所，增加了 18 所大学（与 2001 年相比增加 13.2%）。

专门大学和普通大学的构成比率：2001 年专门大学占 51.3%，普通大学占 48.7%；2016 年专门大学占 45.6%，普通大学占 54.4%，普通大学多占 9.2%。

表 8-1　根据设立主体与年限统计的近十年大学数量变化 [①]

（单位：所）

年份	专门大学				普通大学				合计
	国立	公立	私立	小计	国立	公立	私立	小计	
2007	3	8	137	148	23	2	150	175	323
2008	2	8	137	147	23	2	149	174	321
2009	2	8	136	146	24	2	151	177	323
2010	2	7	136	145	25	2	152	179	297
2011	3	7	137	147	28	2	153	183	330
2012	2	7	133	142	31	2	156	189	331
2013	2	7	131	140	32	1	155	188	328
2014	2	7	130	139	34	1	154	189	328
2015	2	7	129	138	34	1	154	189	327
2016	2	7	129	138	34	1	154	189	327

---

① 韩国教育开发院，教育统计，相应年度（当年）。

其次是招生人数的变化。专门大学从 2001 年的 292035 人减少到 2016 年的 178050 人，减少了 113985 人（比 2001 年减少约 39.0%）；普通大学从 2001 年的 316780 人增加到 2016 年的 321409 人，增加了 4629 人（比 2001 年增加约 1.5%）。专门大学和普通大学的构成比率，从 2001 年专门大学占 48.0%，普通大学占 52.0%，到 2016 年专门大学占 35.6%，普通大学占 64.4%，可以看出构成比率有一定的变化。从专门大学与普通大学的整体招生人数上看，从 2001 年的 608815 人减少到 2016 年的 499459 人，减少了 109356 人（与 2001 年相比减少约 18.0%）。以 2016 年为准，国立大学的招生人数人别为：专门大学 601 名、普通大学 69459 名，专门大学的招生人数为普通大学的 0.9%。也就是说，在选择国立大学上，专门大学的选择权仅为普通大学的 0.9%。国立、公立大学的招生人数为：专门大学 4124 名、普通大学 71170 名，专门大学占普通大学的 5.8%，专门大学的国立、公立大学选择权为普通大学的 5.8%。

另一方面，2016 年专门大学的招生人数为：国立、公立大学 4124 名、私立大学 173926 名，私立大学的招生人数比例为 98.0%。与 2001 年相比，2016 年专门大学的招生人数减少了 39.0%（292035 名减少到 178050 名），普通大学的招生人数增加了 1.5%（316780 名增加到 321409 名）。可以说主要由于实施了以普通大学为重心的培养政策。

与 2001 年相比，2016 年普通大学的招生人数下降率（39.0%）与专门大学的相同的情况下，普通大学招生人数减少了 123544 人。根据 2014 年开始实行的结构改革，相当于完成了以减少 160000 人为目标的（2015—2023 年）77.2%。这将大大减轻国家和社会由于大学结构改革带来的负担。但事实上，这些责任和费用的压力都被转嫁到了大学身上，而不是政府。

①国立大学

专门大学：从 2001 年的 4260 人减少到 2016 年的 601 人，减少了 3659 人（与 2001 年相比，减少约 85.9%）。

普通大学：从2001年的64282人增加到2016年的69459人，增加了5177人（与2001年相比，增加约8.1%）。

专门大学和普通大学的构成比率：从2001年专门大学占6.2%，普通大学占93.8%，到2016年专门大学占0.9%，普通大学占99.1%，普通大学在数量上占绝对优势。

②公立大学

专门大学：从2001年的7290人减少到2016年的3523人，减少了3767人（与2001年相比，减少约51.7%）。

普通大学：从2001年的3415人减少到2016年的1711人，减少了1704人（约比2001年减少约49.9%）。

专门大学和普通大学的构成比率：从2001年的专门大学占68.1%，普通大学占31.9%，变为2016年专门大学占67.3%，普通大学占32.7%。

③私立大学

专门大学：从2001年的280485人减少到2016年的173926人，减少了106559人（与2001年相比，减少约38.0%）。

普通大学：从2001年的249083人增加到2016年的250239人，增加了1156人（与2001年相比，增加约0.5%）。

专门大学和普通大学的构成比率：从2001年专门大学占53.0%，普通大学占47.0%，变为2016年专门大学占41.0%，普通大学占59.0%。

表8-2　近10年招生人数变化[①]

（单位：名）

年份	专门大学				普通大学				合计
	国立	公立	私立	小计	国立	公立	私立	小计	
2007	1374	6506	230069	238069	60163	3485	256234	319882	557951

[①]　韩国教育开发院，相应年份的教育统计。

续表

年份	专门大学				普通大学				合计
	国立	公立	私立	小计	国立	公立	私立	小计	
2008	474	6516	233384	240374	60341	3485	257926	321752	562126
2009	474	6536	233513	240523	64522	3448	257438	325408	565931
2010	474	4010	228295	232779	63612	4448	259564	327624	560403
2011	804	3965	216347	221116	64955	4448	260098	329541	550657
2012	553	3965	204806	209324	71373	4448	266087	341908	551232
2013	561	3865	195543	199969	73658	1768	265554	340980	540949
2014	561	3750	187886	192177	74013	1768	264760	340541	532718
2015	611	3573	179130	183314	73626	1768	250239	331067	514381
2016	601	3523	173926	178050	69459	1711	250239	321409	499459

2. 教育财政政策与结构调整政策

在 52196 亿韩元的高等教育财政预算中（不包括 41490 亿韩元的国家奖学金），针对专门大学的预算为 3388 亿韩元（6.5%），这远远低于专门大学 18.0% 的在校生人数构成比率。

针对在校生的人均预算，高校的整体预算为 205.9 万韩元（100%），而专门大学为 74.3 万韩元（36.1%）。也就是说，专门大学的在校生只能得到其他高等教育机构在校生人均国家财政支持的 36.1%。

在国立大学 27316 亿韩元（包括首尔大学及仁川大学财政预算 4654 亿韩元、国立大学改革专项预算 86 亿韩元、国立专门大学运营专项预算 190 亿韩元）的财政预算中，国立专门大学的财政预算仅为 190 亿韩元，约占总预算的 0.7%。专门大学的财政预算仅占 2016 年教育部管辖高校全体预算的 6.5%，远未达到 18.0% 的在校生比率。

表 8-3　教育部高等教育财政预算（2016 年）^①

	高等教育主要项目		预算（亿韩元）
大学教育实力强化工程	培养符合社会需求人才项目	3504	
	BK21 Plus 项目	2982	
	建设产学研合作示范大学项目（LINC）	2468	
	建设地方大学项目	2075	
	建设本科教育示范大学（ACE）项目	594	
	推进高校正规化发展项目	459	
	培养地方（区域）改革创新人才项目	169	
	国立大学改革扶持项目	86	
	首尔大学、仁川大学支援项目	4654	
	其他	2553	
	小计		19544（37.44%）
学术研究能力强化工程			6878（13.18%）
国立大学（运营）支援工程			22386（42.89%）
专门大学扶持工程	建设特色化专门大学项目	2975	
	建设产学研合作示范大学项目（LINC）	195	
	专门大学全球现场学习	20	
	专门大学自主能力基础建设项目	11	
	国立专门大学（韩国福利大学）扶持项目	190	
	小计		3388（6.49%）
合计			52196（100.0%）

---

① 韩国教育开发院，教育统计，相应年度（不包括 41967 亿韩元的国家奖学金）。

续表

在校生人数比较（以 2016 年为基准）				
分类	教育部管辖全体高校	普通大学	专门大学	其他
在校生人数 （名）	2534777	1760972	455892	317913
构成比率（%）	100	69.5	18.0	12.5
在校生人均预算				
分类	预算（亿韩元）		在校生人均预算（千韩元）	
教育部管辖全体高校	52.196（100%）		2059（100%）	
专门大学	3388（6.5%）		743（36.1%）	

2013 年 OECD 国家人均教育费用平均值与韩国学生人均教育费用水平可参考表 8-4。也就是说，2013 年韩国专门大学学生人均教育费用为 5370 美元，占 OECD 平均水平 9992 美元的 53.7%。与小学 7957 美元（占 94.6%）、初中 7324 美元（占 73.9%）、高中 9801 美元（占 98.1%）、普通大学 10491 美元（占 65.1%）相比，专门大学的比例是最低的。

表 8-4　学生人均教育费用（2013 年标准）[1]

（单位：美元，%）

分类		小学	中学	高中	专门大学	普通大学
OECD 平均		8412	9914	9993	9992	16114
		100.0%	100.0%	100.0%	100.0%	100.0%
韩国		7957	7324	9801	5370	10491
		94.6%	73.9%	98.1%	53.7%	65.1%

政府支持教育费用的专门大学在校生比率的国际情况可参考表 8-5。包括政府依赖型私立专门大学在内的国立、公立专门大学在校生比率，除日本（为 8%）外，大部分国家都在 50% 以上。也就是说，大

---

[1]　OECD，2016 年教育概要。

多数国家的高等职业教育都是由国家主导运营的。唯独韩国，仅占 2%。特别是在德国、中国、墨西哥、西班牙、美国等国家，有 80% 以上的学生就读于国立、公立专门大学。而在韩国，有 98% 的学生就读于私立大学。

表 8-5　政府支持教育费用的专门大学在校生比率（％）[①]

分类	国立、公立	私立		
		政府依赖型 *	独立型	计
德国	80	20	0	100
英国	0	100	0	100
中国	87	13	0	100
新西兰	57	40	3	100
墨西哥	96	0	4	100
西班牙	80	13	7	100
澳大利亚	74	16	10	100
美国	90	0	10	100
法国	67	12	21	100
巴西	58	0	42	100
日本	8	0	92	100
韩国	2	0	98	100

　　* 政府依赖型私立专门大学（Government-dependent Private Institution）：学校财政的 50% 以上由政府（代办）机关出资，或学校教师（教授）人员从政府（代办）机关领取工资的机构。

　　接着，我们来看一下大学结构调整的相关政策。目前，韩国有 50% 以上（2012 年 68.4%）的高校学龄人口（18—21 岁）正在就学，韩国高等教育已进入普及阶段。特别是从 2018 年开始，大学招生人数将超过高中毕业人数；2020 年以后，超额人数将急剧增加。也就是说，高中毕业人数将从 2013 年的 63 万人减少到 2020 年的 40 万人。短期的解决方案是无法改善这种局面的。在实施减免 50% 学费政策的情况下，

---

　　① OECD，2016 年教育概要。

为了避免国民的血汗钱成为不合格大学维持运营的资本，需要在进行结构调整的同时，根据大学的国际竞争需求进行相应的教育质量管理。由于大学的新生人数不足，预计整个高等教育生态系统将出现脱节，中坚、高级技术人才的供给将出现严重不足。目前，教育部提出的缩减招生人数的具体目标如下。

表 8-6　招生人数缩减目标

评估周期	1 周期（2014—2016 年）	1 周期（2017—2019 年）	1 周期（2020—2022 年）
缩减目标	4 万名	5 万名	7 万名
缩减时间	2015—2017 学年度	2018—2020 学年度	2021—2023 学年度

二、高等职业教育的现状与整改方向

1. 对比普通大学与高等职业教育发达国家的专门大学教育条件

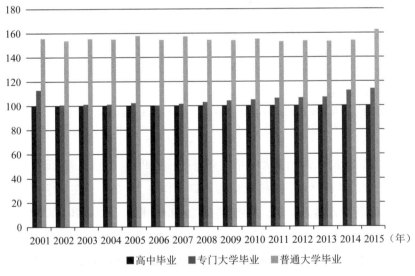

图 8-1　不同学历人员的工资差距（单位：%）①

---

① 雇佣劳动部，根据相应年度雇佣形式不同的就业情况。

（1）国家、社会条件

现今的韩国社会仍旧没能摆脱以学历、文凭为中心的社会结构框架。而这也成为实现以能力为中心的社会过程中的最大障碍。从大学数量、招生人数、政府财政投资规模等方面的变化可以看出，政府侧重于推进以建设普通大学为中心的相关政策，这也导致了以学历和文凭为中心的社会结构更加牢不可破。以普通大学为中心的扶持政策，让专门大学、产业大学、技术大学等高等职业教育机构深深地刻上了"普通大学的下级教育机构"的烙印，并逐步形成了追求普通大学、歧视高等职业教育机构（专门大学）的风气。

造成这种歧视的原因，还包括普通大学和专门大学不同学历的工资差距。虽然高中毕业生与专科毕业生的待遇相差无几，但与普通大学毕业生相比，仍存在巨大的差距。追求普通大学、歧视专门大学的风气，也带来了以应试教育为主、过度课外辅导加重家庭经济负担、公共教育崩溃、人性教育缺失、忽视职业能力与职业倾向盲目选择普通大学、高学历青年失业率增加等矛盾的激化。根据前面的图 8-1 可以看出，假设高中毕业生工资为 100，那么专科毕业生的工资为 100.8—113.9，而四年制大学毕业生的工资则为 153.0—162.7，15 年来这种歧视几乎没有得到任何改善。

从大学数量的变化、招生人数的变化以及政府的财政支持等可以看出，政府一直在推进以普通大学为中心的培养政策。而在高等职业教育中起到关键作用的专门大学，则是以私立大学为主。

以青年失业率增加为例，2016 年 2 月，青年失业率达到了 12.5%。在全体 132 万名失业人员中，青年失业者达到了 56.0 万人，这是继外汇危机以来的最高纪录。专门大学毕业生的失业率也在增加，呈现出 6.4%（2013 年）、7.3%（2014 年）、7.5%（2015 年）的增长趋势。

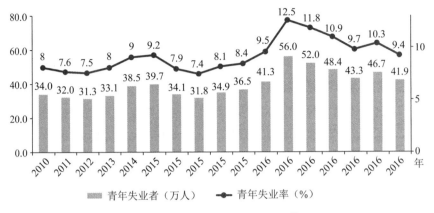

图 8-2　青年失业率变化趋势 ①

　　另一方面，"低生育率—高龄化"的时代已经来临。2016 年，韩国每名育龄女性的生育率为 1.17 人，明显低于世界平均水平的 2.5 人，在 OECD 国家中处于最低。而 65 岁以上人口比率，预计将以 2015 年13.2%、2020 年 15.7%、2030 年 24.3% 的趋势增长。

　　（2）主要教育指标

　　2016 年，普通大学的新生招生率为 98.9%，专门大学为 98.4%，两者接近，且高于高等教育机构全体入学率（89.9%）。从在校生入学率上看，普通大学为 110.8%，专门大学为 107.0%，普通大学和专门大学均高于高校全体在校生入学率（102.7%），以及其他高等教育机构入学率（84.4%）。

　　与 2010 年相比，2016 年在校生入学率的变化趋势为：普通大学（106.1% 增长到 110.8%）、专门大学（99.6% 增长到 107.0%），高校整体呈增长趋势（100.4% 增长到 102.7%），其他高等教育机构呈下降趋势（90.4% 下降到 84.4%）。从大学数量上看，2016 年专门大学对私立院校的依赖率为 93.5%，普通大学为 81.5%，合计 86.5%。从招生人数上看，2016 年专门大学对私立院校的依赖率为 97.7%，普通大学为77.9%，合计 84.9%。与普通大学相比，专门大学对私立院校的依赖率

──────────

　　① 统计厅，就业趋势，2016 年。

较高。

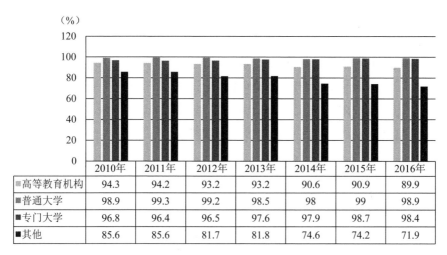

（%）	2010年	2011年	2012年	2013年	2014年	2015年	2016年
■高等教育机构	94.3	94.2	93.2	93.2	90.6	90.9	89.9
■普通大学	98.9	99.3	99.2	98.5	98	99	98.9
■专门大学	96.8	96.4	96.5	97.6	97.9	98.7	98.4
■其他	85.6	85.6	81.7	81.8	74.6	74.2	71.9

图 8-3　新生招生率[①]

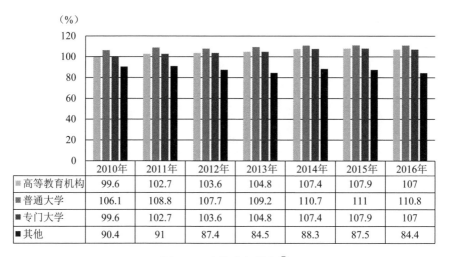

（%）	2010年	2011年	2012年	2013年	2014年	2015年	2016年
■高等教育机构	99.6	102.7	103.6	104.8	107.4	107.9	107
■普通大学	106.1	108.8	107.7	109.2	110.7	111	110.8
■专门大学	99.6	102.7	103.6	104.8	107.4	107.9	107
■其他	90.4	91	87.4	84.5	88.3	87.5	84.4

图 8-4　在校生入学率[②]

从其他指标上看，专任教师覆盖率呈持续增长趋势，普通大学（2016 年 85.9%）比专门大学（2016 年 63.5%）高出 20% 以上。每名专

---

① 教育部，2016 年教育基本情况统计，2016 年 8 月。

② 教育部，2016 年教育基本情况统计，2016 年 8 月。

任教师对应在校学生人数呈下降趋势，师资条件有所改善。但以2016年为准，专门大学每名专任教师对应在校学生人数（2016年35.5名）仍比普通大学（2016年24.2名）多11.3名。总体上看，2016年每名教师对应学生人数为：小学14.6名，中学13.3名，高中12.9名，专门大学35.5名，普通大学22.9名。可以说，专门大学的师资条件相对最差。

从教育费用上看，与OECD国家的平均教育费用水平相比，专门大学每名专业学生的教育费用为5370美元，是OECD国家平均教育费用的53.7%。与小学7957美元（94.6%）、初中7324美元（73.9%）、高中9801美元（98.1%）、普通大学10491美元（65.1%）相比，专门大学占比最低。就学费而言，2009年至2017年，随着学费冻结和降低学费政策的持续推进，专门大学的经营正在史无前例地恶化。

但是，专门大学的就业率（2015年69.5%）高于高校全体就业率（67.5%）及普通大学就业率（64.4%），这在降低青年失业率方面做出了一定的贡献。

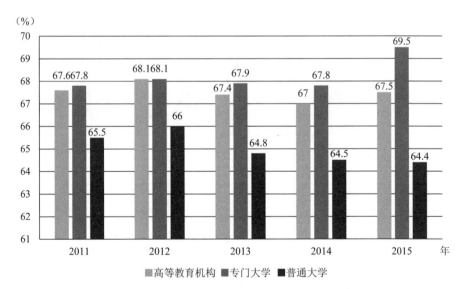

图8-5 就业率情况（截至每年12月31日）①

① 韩国教育开发院，就业统计，2016年。

2. 以一流职业教育为目标的专门大学改革方向

（1）构建顺应时代变化的发达国家型高等教育体制

《高等教育法》明确规定，专门大学的教育目标是培养专业技术人才。其主要途径是瓦解以学历、文凭为中心的社会框架，实现公共教育正常化，应对第四次产业革命和低出生率—老龄化时代，创造就业机会并消除失业率。其最终目标是通过职业教育来提高国家竞争力。

正如专门大学成员所悉知，韩国职业教育的未来，是将高等教育体制分为普通大学和职业教育大学进行结构改革，并将职业教育大学建设成为与普通大学地位平等的教育机构。为此，政府应该积极引导学生根据自己的职业倾向和资质选择普通大学或职业教育大学，而不仅仅是根据成绩排名来选择。同时，需要强化职业教育大学不是普通大学下级教育机关的社会认知。总而言之，是要构建包括专门大学、产业大学、技术大学、理工大学、专业型大学、普通大学（部分转型）在内的、以实践为中心的高等职业教育高校体制。

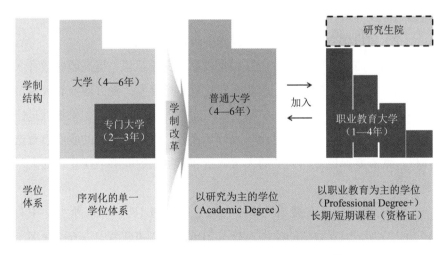

图 8-6 发达国家型高等教育体制改革方案[1]

---

[1]《韩国高等职业教育学会讨论会资料集》，2017 年 2 月。

针对大学数量和招生人数，政府应根据人力资源需求进行灵活调整。重点是学位体制要分别以学术学位和专业学位为中心进行二元分化，从以授课年限为中心转变为以进修学分为中心，最终发展成为发达国家型、未来型终身职业教育体制。具体来说，就是从以学科、专业为中心的教育向以职务、能力为中心的教育，从单一专业教育向融复合教育，从以教室、实习室为中心的教育向以翻转课堂、慕课、课题、PBL（Problem-Based Learning）等学习方法为中心的教育过渡。

另一方面，为了确保职业教育大学的教育质量管理及卓越性，需要加强相应的评估认证。即强化对机构、学位课程及项目的评估认证，在确保职业教育卓越性的同时，根据认证结果开设或废除学位课程及项目，实施财政预算分级等。此外，还应加强国立、公立大学与私立大学之间的合作，缓解高消耗、不公正的教育竞争矛盾。为了加强国际竞争力，政府还要在相关规定的整改以及加强扶持上做出更多的努力。

为实现国际化教育并积极引进海外留学生，需要解除大学的相关限制，针对开拓海外教育市方面增加相关扶持，并保证高等职业教育的国际通用性及等价性。

（2）建设国立终身职业教育大学并增加财政预算

为此，需要加强国家对高等职业教育的责任意识，提高职业教育大学的地位，制定和推广高等职业教育政策，充分发挥地方职业教育示范大学作用，保障职业教育大学学生的国立大学选择权等。如果想促进国家积极参与高等职业教育建设并履行其义务，以实现国民的职业教育选择权，就需要保证专门大学的大学数量和招生人数能够与国立普通大学的水平持平。

截至 2016 年，在普通大学中，国立大学占 18%（189 所大学中有 34 所大学）、国立大学的招生人数占 21.6%（321409 名中占 69459 名）；在专门大学中，国立大学占 1.4%（139 所大学中有 2 所）、国立大学的招生人数占 0.3%（178050 名中占 601 名）。但实际要求是，专门大学中的国立大学数量要达到 18.0%（25 所大学）、国立大学的招生人数要达到 21.6%（38459 名）。因此，应逐步向 OECD 国家水平的国立、公立专门大学及政府依赖型私立专门大学的形态过渡（以在校生人数为准，大部分国家的国立、公立大学以及"政府依赖型"私立大学在校生占 70% 以上）。

为了建设发达国家型职业教育大学，维持职业教育大学与普通大学在校生的平衡，提高职业教育大学教育课程的国际竞争力，需要扩充财政预算。为了推进这一目标，在平衡职业教育大学与普通大学财政预算的同时，应逐步实现国际水平的财政支持。2016 年韩国高校在校生人数构成比率是"普通大学：专门大学：其他 =69.5 ：18.0 ：12.5"。但是，专门大学的财政预算金额仅占高校全体预算的 6.5%，应将其提高到 18.0%。同时，还要通过学费合理化来扩大投入。由于 2009 年学费冻结、2012 年学费下调（大部分大学约下调 3%），以及 2013 年至 2017 年学费冻结等措施，大多数大学都维持着低于 10 年前（2008 年）的学费标准。最后，为了保障高等职业教育所需资金的稳定，应制定相应的《高等职业教育拨款法》。

（3）为促进高等职业教育体制发展奠定法律和行政基础

为了构建发达国家型高等教育体制，保障职业教育大学的设立和运营，必须打好法律和行政基础。为此，首先要系统地制定和修订高校相关法令，使其符合发达国家型高等教育体制。也就是说，根据《高等教育法》《终身教育法》《劳动者职业能力开发法》等设立的多种高等职业教育机构，想要顺利转变为发达国家型高等教育体制的职业教育大学，就要实现法律体系的单一化，整合《职业教育训练促进法》与《关于振兴产业教育及促进产学研合作的相关法律》，制定《高等职业教育培养法》等。

另外，还要设立建设发达国家型高等教育体制职业教育大学的政府内部相关部门。首先，为了提高职业教育大学的地位，促进职业教育，需要构建政府层面的管理体制，建设能够统一管理分属于各部门的终身教育机构与高等职业教育机构的综合运营体制。如果这种体制能够实现软着陆，将为中级、高级阶段职业教育政策的统一性、关联性和一贯性提供保障。

三、公立高等职业院校的能力与影响力

1. 基础能力与核心力量指标

（1）前景、目标、发展基础

①前景

高等教育的前景：培养创新型人才以及创造革新性价值

高等职业教育的前景：培养知识型社会时代的核心职业人才

道立大学的前景：建设能够培养地区产业创新职业人才的名牌大学

②目标

高等教育的目标：建设善于培养学生的大学、教授研究能力强的大学，提高地区价值的开放教育，保障公平、多样的终身学习机会

高等职业教育的目标：将专门大学建设成高等职业教育中心机构

道立大学的目标：培养特色化创意专业人才，建设引领地区产业的名牌大学

②发展基础

为顺应地方产业要求的自主发展奠定基础。选择符合地方产业及优势领域的道立大学特色化项目，为大学的自主发展打下基础。根据地区产业和环境，以及大学的优势建设具备特色的专门大学。建设地区知名高等职业教育机构，为全球本土化（Globalization）时代地方社会做出贡献。

开设贴合就业需求的、以现场实务为中心教育课程。通过开设以国家职业能力标准（NCS，National Competency Standards）为基础的教育课程，致力于培养职务履行能力强、以现场实务能力为中心的人才。通过现场导向型的 NCS 教育课程，培养企业现场所需的核心专业人才，同时保持作为高等职业教育机构的特色。

建立符合终身学习时代要求的终身职业教育良性循环体系。适应产业技术升级和多样化的人才需求，为专门大学引进灵活学制，建立终身

职业教育生态系统。以成人为对象培养终身职业能力，建立工作和学习相结合的务实型终身职业教育体系。

（2）基础能力与核心能力

①基础能力：专门大学的基本教育指标

韩国共有 7 所道立（公立）大学，是于"1995 年大学准则主义"之后的 1996 年至 1998 年间，在广域自治制度下，以道为单位共同设立的。在庆尚南道设有 2 所、其他广域道设有 1 所大学。首尔、蔚山、京畿、全北、济州等地均未设立。

道立大学以招生人数为基准的教师平均覆盖率为 165%，高于普通专门大学。平均设有 13 个专业，额定招生人数为 1000 人左右，相当于机构评估认证申请标准中的小规模大学。

道立大学平均专任教师人数为 30 人（共 231 人）。由于成立初期聘用人员较多，正教授的占比偏高。每位教授对应的学生人数是 32.3 人，教师覆盖率为 64%，达到了专门大学的平均水平。平均职工人数为 30 人（其中大学财务专员 8 人，全体员工 201 人），皆为非专门教育岗的道厅派遣地方公务员。

道立大学招生名额内的新生入学率及报到率均在 100% 以上，在校生入学率为 95.1%，中途辍学率为 8% 左右。

道立大学的平均学费（2015 年）为 245 万韩元，与普通专门大学相比相对低廉。但工科类、艺术体育类、自然类专业相比人文类专业学费较高。

道立大学的税收主要由政府拨款、政府及地方自治团体支援金以及学费收入等构成。2015 年，道立大学的总支出预算为 860 亿韩元，平均预算为 120 亿韩元，劳务费占总预算的 45% 左右，学生人均奖学金为 317.5 万韩元。

②核心能力：高等职业教育评估认证院在第一周期（2012—2016 年）机构评估认证中对一线高校提出的硬性必要指标与主要指标

道立大学通过高等职业教育评估认证院提出的机构评估认证，须满足高等职业教育评估认证院提出的全部评估认证条件（在校生入学率为

82% 以上，专任教师覆盖率为 50% 以上，教育费返还率为 100% 以上，学生奖学金占学费的 10% 以上）。

除机构评估认证的硬性条件之外，专门大学还要满足每门专业讲座对应学生人数（平均 33 名以下）、成绩分布比例（40% 以下）、毕业生就业率（全体 60% 以上）、新生入学率（91% 以上）、每家现场实习交流企业对应在校生人数（13 名以下）、学费对比教师及教职工的工资比率（教师 30% 以上、教职员工 41% 以上）、每周授课时间（标准时间为 9 小时，或少于 12.8 小时）、专任教师人均研究成果（0.2 篇以上）、学生人均资料费（21.6 万韩元以下）、学生人均实验实习费（15.7 万韩元以下）等其他定量指标条件。

道立大学的平均就业率为 69.4%，高于私立专门大学。教育费用返还率超过 100%。

有 7 所道立大学参与了 2017 年的政府财政扶持项目，平均每所大学负责 1 个项目，数量远未达标。其他 3 所大学则根本没有机会参与。[①]

a. 基本情况

表 8-7　2016 年道立大学基本现状

（单位：个、名、千韩元）

大学名称	专业	额定招生人数	教授人数	学生总数	每名教授对应学生人数	年度奖学金
江原道立大学	13	1000	31	900	28.8	2084000
庆尚南道立居昌大学	12	985	30	955	32.8	1768565
庆尚南道立南海大学	9	830	23	846	36.1	2108722
庆尚北道立大学	12	950	31	930	30.6	1801422
全罗南道立大学	20	1560	46	1463	33.9	2063405
忠清南道立大学	12	1116	32	1121	35.0	2211000
忠清北道立大学	12	1040	29	1028	36.6	1753434
平均	13	1000	32	1043	32.3	—

---

① 全部资料来源：全国道立大学校长协议会，2017 年 1 月。

b. 教师情况

表 8-8 2016 年道立大学教师情况

（单位：名）

大学名称	教师合计	专任教师				外聘教授	助教	教师覆盖率（%）
		小计	教授	副教授	助教			
江原道立大学	47	31	6	14	11	2	14	68.9
庆尚南道立居昌大学	49	30	17	9	4	10	8	61.2
庆尚南道立南海大学	49	23	12	6	5	17	8	57.5
庆尚北道立大学	52	31	20	8	3	9	11	63.3
全罗南道立大学	78	46	34	11	1	15	15	62.2
忠清南道立大学	51	31	14	13	5	6	13	60.4
忠清北道立大学	42	29	6	21	2	—	12	55.8

c. 职工情况

表 8-9 2016 年道立大学职工情况

（单位：名）

大学名称	总计	普通职员						大学财务专员
		小计	4级	5级	6级	7级	8—9级	
江原道立大学	45	36	—	1	13	11	11	9
庆尚南道立居昌大学	22	14	—	1	6	4	3	8
庆尚南道立南海大学	21	14	—	1	5	4	4	7
庆尚北道立大学	26	21	—	1	8	6	6	5
全罗南道立大学	30	16	—	1	8	6	1	14
忠清南道立大学	29	22	1	—	9	3	9	7
忠清北道立大学	28	22	1	1	5	6	9	6

d. 新生报到率及在校生入学率情况

表 8-10　2016 年新生报到率及在校生入学率情况

（单位：名）

大学名称	年度	招生人数	报到人数	报到率（%）	在校生入学率（%）
江原道立大学	2016	455	455	100	91.4
庆尚南道立居昌大学	2015	480	486	101.3	93.6
庆尚南道立南海大学	2015	420	436	103.8	98.4
庆尚北道立大学	2015	435	447	102.8	92.1
全罗南道立大学	2015	740	809	109	91.2
忠清南道立大学	2015	543	543	100	98.9
忠清北道立大学	2015	500	516	103	97.0

e. 学费情况

表 8-11　2016 年道立大学学费情况

（单位：千韩元）

大学名称	学费	人文社科	自然学科	艺体能	工科
江原道立大学	2360.4	2026	2444	2444	2444
庆尚南道立居昌大学	2821.8	2396	2890	0	2890
庆尚南道立南海大学	2756.1	2396	2890	0	2890
庆尚北道立大学	2432.8	2143	2587	2587	2587
全罗南道立大学	1900.3	1722	1992	1992	1992
忠清南道立大学	2455.6	2131	2585	0	2585
忠清北道立大学	1870.5	1642	0	1912	1912

f. 支出预算规模及就业率情况

表 8-12　2016 年度支出预算及就业率情况

（单位：亿元，%）

大学名称	总拨款	人工费		学生及共同经费（%）		毕业生就业率（2016 年，20 年目标）	
江原道立大学	124	56	45%	68	55%	49.2%	55.0%
庆尚南道立居昌大学	86	43	50%	43	50%	64.6%	68.0%
庆尚南道立南海大学	80	39	49%	41	51%	72.5%	75%
庆尚北道立大学	155	55	36%	100	64%	65.6%	69.0%
全罗南道立大学	208	87	42%	115	58%	66.1%	72%
忠清南道立大学	108	54	49%	54	51%	54.1%	63.0%
忠清北道立大学	99	43	44%	56	56%	60.1%	66.0%

g. 参与政府财政支持项目情况

表 8-13　参与政府财政支持项目情况（2017 年 2 月至今）

大学名称	特色专门大学（SCK）（1—4 类型）	产学合作示范大学（Link）	保障就业的高中、专门大学、企业（Uni-Tech）	世界级专门大学（WCC）	总计（7 项工作）
江原道立大学	×	×	×	×	0
庆尚南道立居昌大学	O（2 类型）	O	×	×	2
庆尚南道立南海大学	O（2 类型）	×	×	×	1
庆尚北道立大学	×	×	×	×	0
全罗南道立大学	O（2 类型）	O	O	×	3
忠清南道立大学	O（3 类型）	×	×	×	1
忠清北道立大学	×	×	×	×	0

2. 根据 SWOT 分析得出的政策启示

表 8–14 SWOT 分析：道立大学的优点

条件	具体分析
政治、政策、法律条件 （Political-Legal）	■ 培养大量的公务员和地方人员 ■ 业务能力过关的教职工与合理的人事结构 ■ 适合改革和创新的规格
经济条件 （Economic）	■ 积极参与专门大学建设 ■ 大学建设上的公开、稳健 ■ 加大对特色领域（公务员、全球化）的支持 ■ 学费低廉且学费依赖性低
社会文化条件 （Social-Culture）	■ 新生报名率与新生入学率高 ■ 辍学率低 ■ 对毕业生评价较高 ■ 提高学生福利（奖学金、班车、宿舍楼）
技术、环境条件 （Technological-Environment）	■ 以企业为基础的现场实习巡回培训 ■ 亲近自然的校园环境

表 8–15 SWOT 分析：道立大学的缺点

条件	具体分析
政治、政策、法律条件	■ 由非教职人员的行政公务员组成 ■ 由于频繁的人事变动缺乏专业性
经济条件	■ 地方发展落后以及主力产业间缺乏联系 ■ 远离市中心的地理位置 ■ 相较于国立大学福利设施及研究经费不足
社会文化条件	■ 社会知名度低，对内宣传力度不足 ■ 在招生上竞争激烈 ■ 新生学历水平低 ■ 国际交流及留学生匮乏
科学技术、环境条件	■ 教育环境基础设施及器材落后 ■ 学生便利设施及福利设施落后

表 8-16　SWOT 分析：道立大学的机遇

条件	具体分析
政治、政策、法律条件	■ 公布专门大学建设政策并完善建设项目 ■ 教育政策的变化（大学自主化、授课年限自主化、学位课程灵活化、专业深化、放宽入学资格等） ■ 有关结构调整与特色化的理想与计划
经济条件	■ 提高效率及公开经营的组织氛围走向 ■ 职业教育部门就业率呈恢复趋势 ■ 要求降低学费的社会呼声增强
社会文化条件	■ 国际教育和专业人才培训需求扩大 ■ 继续教育需求扩大 ■ 跨文化家庭及劳动者教育需求增加 ■ 对职业教育认识的转变（再入学） ■ 应试平均化致使应试志愿率上升
科学技术、环境条件	■ 产业结构的升级与融合拉动人力需求增长

表 8-17　SWOT 分析：道立大学的挑战

条件	具体分析
政治、政策、法律条件	■ 普通大学及各类大学入侵专门大学领域 ■ 职业高中以就业为导向的政策导致集资困难 ■ 过于频繁的大学评估及结构调整政策
经济条件	■ 专门大学毕业生过剩增加就业困难 ■ 经济萧条导致就业条件恶化带来的就业机会减少
社会文化条件	■ 与职业高中及非正规教育机构之间竞争加剧 ■ 学龄人口的减少激化招生竞争 ■ 基础学习能力不足引起的学生质量低下 ■ 偏爱四年制大学的社会氛围 ■ 回避理工科倾向加重 ■ 大学成员的老龄化现象
科学技术、环境条件	■ 与地区支柱产业缺乏联系，地区产业基础薄弱

① SWOT 分析启示：把优势当作机遇的进攻性战略

SO1. 积极应对以能力为中心的社会

SO2. 激活海外双学位及实习

SO3. 为培养地方产业基础人才，改善大学结构，提高大学素质

SO4. 通过选择和融合建立特色化模型

② SWOT 分析启示：利用机会克服弱点的多样化战略

WO1. 充实和扩大专业教育与基础教育的内涵，提高教育竞争力

WO2. 发放课时费以吸引优秀教师

WO3. 开设心理咨询窗口，努力解决在校学生烦恼

WO4. 通过推进结构调整、提高行政效率来构建体系

③ SWOT 分析启示：以优势克服威胁的战略

ST1. 提高教育质量

ST2. 为低收入群体提供优质入学资源

ST3. 制定大学宣传战略大力宣传大学优势

ST4. 加强国际合作与产学合作提高就业率

④ SWOT 分析启示：弱势和威胁要素的防御战略

WT1. 符合大学特色化政策与战略的大学结构改革

WT2. 提高大学与专业满意度强化竞争力

WT3. 减少招生人数并提供应聘公务员就业机会

WT4. 通过学科与专业调整提高竞争力

四、公立高等职业院校的改革方案

表 8-18　道立大学的激活战略及具体目标

建设培养地区产业创新职业人才的名牌大学		
推进战略	十大课题	执行目标
地方产业特色大学	①建设以大学地区战略产业为基础的特色大学 ②开设应用第四次产业革命时代相应技术的产学合作教育课程 ③为区域社会低收入群体和社会弱势群体提供高等教育机会	■ 培养国家和地方所需的专业产业人才（就业率达到75%以上） ■ 通过引进国际教育课程提高教学质量

续表

建设培养地区产业创新职业人才的名牌大学		
推进战略	十大课题	执行目标
终身职业教育大学	④以"终身职业"概念消失的专门职业时代为背景，实现终身职业教育的良性循环 ⑤扩大财政支持，为各类求职者同时开设学位及非学位教育课程 ⑥实施以需求者为导向的弹性学位制度（授课年限、先行（已修）学分认定制度、实习、双学位制等）	■ 实施"产、学、研"相结合的资格、技能及学分认证，开设就业实务相关课程 ■ 探讨现有"终身职业教育大学""终身职业教育学院"试行方案
结构调整示范（重点）大学	⑦根据大学招生人数减少情况调整专业结构，提高行政组织效率，确保大学竞争力 ⑧在大学结构调整背景下，以负面影响最小化为前提，发挥地区（地方）结构调整示范大学（地方重点结构调整大学）作用	■ 制定大学结构调整后续计划（学位管理、有关奖学金等法律、制度、财政措施）
国立四年制普通大学	⑨构建体现职业教育发达国家发展趋势的、由国家主导的高等职业教育核心体制 ⑩在现有高等教育体制下，合并较易进行行政、财政结构调整的公立道立大学和国立大学	■ 与地区重点国立四年制普通大学合并 ■ 以国立职业教育学院为目标的体制改革

1. 带动地方产业发展的地方产业联合特色大学

道立专门大学的现在（As-Is）
■ 开发以供应商为中心的教育课程
■ 百货店式学科经营缺乏特色
■ 无法充分展现专业化、尖端化的产业结构

道立大学的未来（To-Be）
■ 开设产业及用户需求型教育课程
■ 具备特色和专业竞争力的大学
■ 顺应第四次产业革命潮流的人才培养

图 8-7 道立大学的现在与未来（一）

①建设以大学所在地区战略产业为基础的优势领域特色大学

建设与地方产业紧密联系、以现场为中心的特色大学。大学形态及专业结构采用"百货商店式"结构，脱离地区知识基础产业，与先进职业教育不符。应通过以大学优势领域为中心的特色化，培养和输出有实力的知识基础产业核心人才。培养与国家和地区战略产业及大学优势领

域相符的优秀职业人才。建设能够引领未来产业、具备产业现场人才培养条件、提高社会服务能力的地方名牌大学。

培养符合产业需求的地方产业导向型专业人才。以产业结构升级、灵活应对融复合人才新需求为目标进行大学体制改革。为建设高度专业化、具备特色化竞争力的大学打下基础。应为培养符合地方及产业所需人才，开设以现场为中心的教育课程。

②开设应用第四次产业革命时代相应技术的产学合作教育课程

开发和引进反映时代潮流的融复合技术教育课程。解决以激活专门大学海外就业为目标的国际教育与交流项目紧缺，海外留学生引进及管理能力不足问题。

开发和引进反映第四次产业革命时代潮流的融复合技术教育课程。为应对第四次产业革命时代的巨变，向技术专业化、尖端化的高等职业教育体制转变。采用先进职业教育模式，提高竞争实力，强化国际教育力量，促进毕业生海外就业。

毕业生人数锐减及专门大学新增人力供给减少。应通过培养优秀专业技术人才，将就业率提高到 75% 以上。

③为区域社会低收入家庭和社会弱势群体提供高等教育机会

教育机构以现场为中心开设求职者需求导向型教育课程。以经济低增长时代和青年长期失业为背景开设业务教育课程。

为社会弱势群体提供教育机会。为即将进入大学的低收入群体及社会弱势群体提供高等教育机会。同时获得社会安全保障的附加效果。

表 8-19　道立大学所在广域经济圈龙头产业（5 个区域）[①]

区域	前景	示范产业	备注
忠清南道立大学			
忠清区域	科学技术和尖端产业中心，韩国硅谷	医药生物半导体显示器	新药开发综合平台；新一代天然生物材料；无厂半导体；显示源技术

---

① 国家均衡发展委员会，2013 年。

续表

区域	前景	示范产业	备注
全罗南道立大学			
湖南区域	21世纪文化艺术与绿色环保产业创造园区	新再生能源光材料	绿色能源； 风力、潮汐发电设备及零部件； 光基础融合； 新一代LED照明系统
庆尚北道立大学			
大庆区域	传统文化和尖端知识产业的新增长地带	移动通信能源	移动通信零件、材料； 绿色能源； 新一代能源材料
庆尚南道立居昌大学，庆尚南道立南海大学			
东南区域	环太平洋时代支柱产业及物流中心	运输机械融合零部件及材料	绿色汽车； 新一代船舶及零部件； 未来型海上成套设备； 设计与装备
江原道立大学			
江原区域	环东海圈旅游度假及健康产业前沿（示范）区	医疗融合 医疗观光	能源产业； 生物医疗融复合产业

表 8-20 专门大学毕业生及新增人力供给预测 [①]

（单位：名）

分类	2000 年	2005 年	2010 年	2015 年	2020 年
毕业生预计	223486	228763	190033	169721	148900
新增人力	190635	194771	164719	147694	129820
差额	32854	33992	25314	22027	19080

---

① 就业信息院，2011—2020 年中长期人力供需展望，2012 年。

表 8-21　各大专业新增人力供给预测（专门大学毕业）①

（单位：千名，%）

分类	2010 年		2015 年		2020 年	
	人数	增长率	人数	增长率	人数	增长率
人文系	6.5	-6.5	4.9	-5.6	3.1	-8.9
社会系	51.7	2.3	44.5	-2.9	38.3	-2.9
教育系	8.1	-1.0	7.5	-1.5	6.5	-2.9
工程学系	37.2	-10.7	33.4	-2.1	28.6	-3.0
自然系	11.2	-5.0	9.4	-3.3	8.0	-3.2
医药系	22.7	3.5	23.0	0.2	22.2	-0.7
艺体能系	27.3	-3.0	24.9	-1.8	23.0	-1.6
合计	164.7	-3.3	147.7	-2.2	129.8	-2.5

2. 引领终身学习时代的终身职业教育大学

切实落实"从工作岗位到大学、从大学到工作岗位"，向掌握最新职业知识和技术的终身职业教育大学转型。

根据终身学习时代的产业需求，构建学位课程与非学位课程以及授课年限多样化良性循环的高等职业教育体制。

道立专门大学的现在（As-Is）		道立大学的未来（To-Be）
■ 建设以学位和课程为中心的大学 ■ 实施以年级和学期为中心的入学制度 ■ 开设以学科为中心的教育课程 ■ 根据现有高等职业教育形态，建设私立专门大学形态的终身职业教育大学与私立普通大学形态的终身职业教育专科大学		■ 同时开设学位、非学位教育课程 ■ 以成人、在职人员、未就业人员为中心的终身职业教育 ■ 提供就业机会的多种学位制度 ■ 将现有的两种高等职业教育形态合并为国家负责运营的国立四年制终身职业教育大学单一体制

图 8-8　道立大学的现在与未来（二）

---

① 就业信息院，2011—2020 年中长期人力供需展望，2012 年。

①瞄准"终身职业"概念消失的专业技术人才时代，构建终身职业教育良性循环体系

反映终身职业教育需求的增长趋势。加强国家对高等职业教育的责任意识，提高职业教育院校的地位，制定和推行高等职业教育政策，提出建立地区示范职业教育院校的必要性。

对于提高工作能力及在职职业能力需求的增加，推进高中毕业生"先就业、后入学"政策扩大继续教育。为应对婴儿潮一代面临退休，提出终身学习的必要性。扩大"百岁时代"为"第二人生"进行创业或就业的需求。

设立和运营终身职业教育大学。根据技术变革要求开发终身职业能力，从以学历为中心向以能力为中心的社会转变。

"终身职业教育"是指成人学习者为提高职业能力并丰富经历，通过正规或非正规教育、非正式的学习，随时随地地掌握最新的职业知识、技术与能力，以提高职业专业性为目的的再教育和继续教育。

通过国家积极参与高等职业教育并履行职责，来保障国民的职业教育选择权。

应确保与普通大学中的国立大学比例相当的大学数量和招生人数。2016 年国立普通大学比例为 18%（189 所大学中有 34 所）、国立普通大学招生人数比例为 21.6%（321409 名中有 69459 名）；国立专门大学比例为 1.4%（139 所大学中有 2 所）、国立专门大学招生人数比例为 0.3%（178050 名中有 601 名）。而国立专门大学的数量比例要达到 18.0%（25 所大学）、国立大学招生人数比例要达到 21.6%（38459 名）才能与国立普通大学的水平持平。

逐步向 OECD 水平的国立、公立专门大学及政府依赖型私立专门大学转型。以在校生人数为例，大部分国家的国立、公立大学及政府依赖型私立大学的在校生占 70% 以上。

由于技术的飞速发展以及迈入老龄化社会，针对成年人的职业再教育、转职教育，先就业后入学人员等对高等职业教育需求的不断扩大，再教育、继续教育、再就业教育等终身教育需求也呈现增长趋势。

探索与"终身职业教育"相关的高校运营模式。所谓"终身职业教育大学",是以提高职业生活所需的专业能力为目的,以全体国民为对象,通过国家、地区、产业的联合,有针对性地进行职业能力开发的终身职业教育体制。通过强化就业、创业能力,为成人学习者提供尖端基础设施,开设多种年限的学位和非学位综合职业教育课程。

1）开设大学:专门大学。

2）对象:有就业意向的所有成年人。

3）年限:1 个月、6 个月、1—4 年等多种年限。

4）学位:学位、非学位、学分认定制、学分银行制等均可。

"终身职业教育大学"是依托高校优秀的基础设施条件开设的高等职业教育专科院校,旨在满足老龄化和劳动力市场灵活化等因素下成人的多种终身教育需求的同时,促进高中毕业生的先就业、后入学。在个人的职业路径开发（Career Path）上,摒弃了高中毕业后直接进入大学的形式。这对于开发先入职、后在必要时期接受高等教育的路径具有重要意义。

1）开设大学:普通大学。

2）年限:四年课程。

3）学位:学士学位。

4）对象:有 3 年以上学习经历的高中毕业上班族、30 岁以上的待业成年人。

有关终身教育的相关法规有:《高等教育法》《终身教育法》《学分认定法》《自学取得学位相关法》《劳动者职业能力开发法》《职业教育培训促进法》《振兴产业教育及促进产学研合作法》等。

开设再就业、转业等专科非学位课程。需要为自由就业提供专业化、尖端化的新型职业教育。缺乏与专门大学正规课程相关的成人学习者职业教育体系。

②扩大对终身职业教育大学的财政支持,同时开设学位及非学位教育课程

建设发达国家型高等教育体制的职业教育大学。保证职业教育大学

在校生和普通大学在校生所获财政支持的公平。为提高职业教育大学的质量管理能力及国际竞争力，以普通大学为标准扩充职业教育大学的财政预算。以 2016 年为基准，在校生人数构成比例为"一般大学：专门大学：其他 =69.5 ： 18.0 ： 12.5"，但专门大学的财政预算仅占高校全体预算的 6.5%，应将其增加到 18.0%。

为确保高等职业教育的财政稳定，还应制定《高等职业教育拨款法》（暂称）。通过学费合理化来扩大教育投资。

政府从 2009 年开始冻结学费，2012 年下调学费（大部分大学下调约 3%），2013 年至 2017 年引导冻结学费，使大多数大学的学费维持在低于 10 年前（2008 年）的标准。

开设以就业为导向的学位及非学位课程。针对能够兼顾学习与工作获取技术与知识的高等职业教育机构缺乏，在职、未就业、退休人员等终身职业教育支持力度不够等问题，开设符合相应需求的教育课程。引进学分认证、正规学位课程学分认证、先行经验学习认证制（RPL）、学分注册等制度。

③实施以学习需求者为导向的多种学位制度

教育对象与授课年限。以在职、退休、失业、创业、新增就业等成人学习者为对象，开设职业资格、尖端技术教育及训练、创业和保育等相关课程，并与企业现场进行灵活地沟通与调整。将非学位课程所得学分与学分银行制等挂钩，从而让学习者也获得学位。

实行多种学位制度：多学期制、集中进修制、学习经历认证制、教育训练课程（资格证课程，1 年以内）、学分认定制、学分注册制、现场实习必修制（1 年以上，旨在通过缩短授课时间来促进提前就业）。

3. 发挥大学结构调整中枢作用的结构调整示范大学

为应对学龄人口减少的问题，以客观评价为前提，提出调整招生规模并淘汰不合格大学等预防措施的高等教育结构。

将大学结构调整可能带来的、涉及学位管理等方面的负面影响最小化，提出建设作为安全保障的示范大学。

道立专门大学的现在（As-Is）	道立大学的未来（To-Be）
■ 老龄化引起的学龄人口锐减以及人口断崖带来的新生减少 ■ 与当前结构调整政策、特色化政策脱钩的百货店式的罗列式学科（专业）结构 ■ 作为公立大学，在运营结构上存在公共支援、公共作用及功能不足	■ 发挥作为结构调整示范大学的作用 ■ 根据大学招生人数减少情况，对一线大学的专业及行政部门进行有效重组 ■ 设立由中央政府支持、地方政府运营的结构调整示范大学

图 8-9　道立大学的现在与未来（三）

①根据大学招生人数减少情况进行专业调整，提高行政组织效率，确保大学竞争力

灵活应对大学结构改革政策。为应对未来产业结构变化，根据数量调整与质量改善等改革要求，进行以道立大学为单位的结构改革。

表 8-22　入学资源减少与大学结构改革方向 [①]

项目	强调量化调整	改善大学结构	
具体措施	为应对学龄人口减少问题，缩减招生人数并淘汰不合格大学	质量改善	未来型学位结构、特色化
		量化调整	缩减招生人数、淘汰不合格大学
		创造新需求	吸引成人学习者、留学生

根据第一周期大学结构改革中各道立大学减少招生人数的情况，高效推进专业及机构整合。在针对改善大学教育条件并提高教育质量上实施综合客观评价的同时，道立大学也需要在教育条件、学位管理、学生援助、教育成果、中长期发展计划、教育课程、特色化等方面的定量、定性指标管理上，做出更多的努力。

②在大学结构调整的背景下，以负面影响最小化为前提，发挥结构调整管理示范大学的作用

探索作为结构调整示范大学的责任与作用。提前应对学龄人口减少

---

① 教育部自评报告书资料，大学评价科，2017 年 1 月。

带来的负面影响，具体探讨缓解学校招生不足带来的冲击，对预计招生不足的地方大学与专门大学实施政策性保护，淘汰大学的毕业生管理等问题，并进行结构调整。

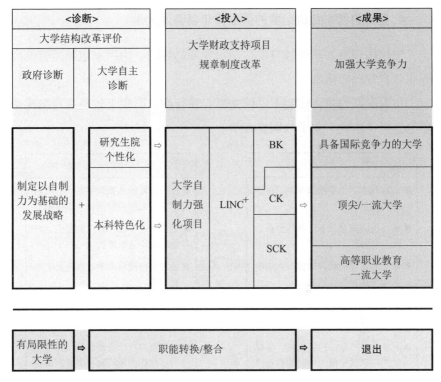

图 8-10　将特色化与财政支持相结合的大学结构调整进程[①]

在这种背景下，设计出特色化与财政支持相衔接的结构调整流程。需要结构调整示范大学能够在职能转换、整合、退出时发挥相应作用。建设结构调整示范大学是道立大学自行建立可持续发展机制、推进自主结构创新的方案。

为了充分展现道立大学的特色，需要积极引导大学改革。现在的道立大学与普通大学皆采用两年制的"百货店式"学科结构，缺乏特色。特别是作为公立大学，必须摆脱定位不明确、教育竞争力不强的学科

---

① 教育部自评报告书资料，大学评价科，2017 年 1 月。

结构。

通过设立信息共享中心实施结构调整政策。作为结构调整示范大学，设立信息共享中心，为教育需求者提供准确信息。

4.整合为国家负责运营的国立四年制普通大学

构建体现海外职业教育发达国家发展趋势的、由国家主导运营的高等职业教育核心体制。

在现有高等教育体制下，优先整合在行政、财政上较易进行结构调整的公立（道立）大学与国立大学。

道立专门大学的现在（As-Is）	道立专门大学的未来（To-Be）
■ 与普通大学无差异的两年制百货商店式学科结构特色不足	■ 反映先进职业教育学制的、由国家主导的国立特色化大学体制
■ 在结构调整背景下，多数专业出现专任教师不足情况	■ 适当引进符合针对性就业的、产业经验丰富的教授
■ 缺乏专业性的教育课程与频繁的人事交替导致行政无为	■ 通过整合国立大学，制定员工教育指南
■ 以人工经费为主的不稳定的财政结构导致设备投资不足	■ 与终身职业教育大学教育课程匹配的尖端设施、器材财政投入
■ 无法体现产业结构尖端化、多样化的，以供给侧为导向的教育课程	■ 体现第四次产业革命时代尖端化与多样化的现场贴合型教育课程

图 8-11　道立大学的现在与未来（四）

①构建体现职业教育发达国家发展趋势、由国家主导的高等职业教育体制

将高等教育体制二元分化为普通大学与职业教育大学并进行结构调整。把职业教育大学建设成为与普通大学并驾齐驱的教育机构。

采取消除以学历、文凭为中心的社会结构弊端，公共教育正常化，应对第四次产业革命以及低出生率—高龄化时代，创造工作岗位并消除失业率等措施，提高国家竞争力。

引导学生不要根据成绩高低，而是根据职业能力与职业倾向选择普通大学或职业教育大学。扩大"职业教育大学不是普通大学的下级教育机关"的发达国家社会认知。将普通大学与学术学位、职业教育大学与长短期资格课程为主的专业学位挂钩，设立学位课程的二元体系，建立不是单纯地依据授课年限，而是根据所修学分颁发学位的学位体制。

引进体现先进职业教育趋势的多种教育课程，实现授课年限多样化。构建包括专门大学、产业大学、技术大学、理工大学、普通大学（部分转换）等在内的、以实务为中心的高等职业教育大学体制。

从以发达国家型、未来型职业教育为基础，以学科和专业为中心的教育，转变为以业务能力为中心的教育。从单一专业教育向融合、复合教育，从以教室和实习室为中心的教育向以翻转课堂、慕课、课题、PBL（Problem-Based Learning）等学习方法为中心的教育过渡。

反映先进的职业教育发展趋势，大学根据 1 年制、2—4 年制、2 学期制、多学期制、学位课程、非学位课程等自主选择教育课程内容并进行灵活调整（见表 8-22）。目前，四年制普通大学也可以根据大学数量和招生人数等因素，依据宏观结构调整政策，转型为职业教育大学。

体现改编学制、整合国立大学与公立大学、结构调整政策等教育领域宏观结构改革的时代要求与国民要求。推进国立大学联合整合政策中的公立大学（地方大学、专门大学、高等职业教育机构）与国立大学的合并。

减少因国立大学整合导致高校（大学）整体数量与新生数量下降引起的资金消耗。通过对国立、公立、私立大学进行分工，缓和高消耗、不公平的教育竞争格局。

为确保职业教育大学质量管理及其卓越性强化评价认证。通过机构认证、学位课程及项目评价认证来确保职业教育的优势，并根据认证结果开设或废除学位课程。针对财政预算进行分级。

通过加强政府管控与支援整顿提高国际竞争力。为实现教育国际化并积极引进海外留学生，废除大学相关规制。加强大学相关支援以开拓海外教育市场。确保高等职业教育的国际通用性与等效性。

表 8-22　海外高等职业教育机构的授课年限及授予学位 [①]

分类		联合授课	授予学位
美国	Community College	1—4 年（学位课程）、6 个月—1 年（资格证课程）	Associate Degree；Bachelor's Degree；Master's Degree
	Vocational/Technical Institution	1—2 年 2—4 年	不授予学位
	3 年制学士学位	3 年	Bachelor's Degree（3 年）
加拿大	Community College	2 年制或 4 年制	Certificate；Diploma；Associated Degree；Bachelor's Degree
	University Colleges		Associated Degree；Bachelor's Degree
英国	Further Education College	短期资格证课程、2 个月到 4 年、5 年学位课程	Foundation Degree；Higher National Certificate/Diploma；Diploma of higher Education；Honours Degree
	New University	2 年制，3 年制	Certificate；Bachelor Degree；Master Degree；Doctor Degree
澳大利亚	TAFE	资格证课程（2 年以内）、2—4 年学位课程	Diploma；Advanced Diploma；Associate Degree；Bachelor Degree
	ATC	短期资格证课程	Certificate
德国	Fachhochschulen	3—5 年	Diplom-Ingenieur（FH）
	Berufsakademie	3 年或基本 2 年以上应用 1 年	Diplom-Ingenieur（BA）
芬兰	Polytechnics	3.5—4 年	Bachelor's Degree
中国台湾	TVE Uni.	2 年制，4 年制	Diploma，Bachelor's Degree
	Junior College	2 年制，5 年制	Diploma

---

① 韩国专门大学教育协议会，终身职业教育大学运营模式及角色研究，2014 年。

近期针对国立、公立大学整合的探讨如下。

2016 年 7 月，国立大学校长协议会，由 10 个地区示范国立大学校长出席。为应对学生人数骤减、提高大学竞争力，需要构建新的发展模式，即地区国立大学联合大学体制。

这旨在整合国立大学间存在的类似、重复的学科专业，改善大学的教育条件，为大学创造与地区产业相连接的发展契机，充实地区高等教育内涵，提高地区高等教育质量。

已落实"国立大学 + 产业大学 + 国立专门大学"间的整合，合并部分公立大学（仁川大学）。在落实结构调整之前曾进行与此相关的整合，因此，国立、公立形态的异质性问题不会成为阻碍。

近期国立大学整合案例如下。[①]

2004 年：• 公州大学 + 天安工业大学（专门大学）→公州大学

2005 年：• 釜山大学 + 密阳大学（产业大学）→釜山大学

　　　　• 江原大学 + 三陟大学（产业大学）→江原大学

　　　　• 全南大学 + 丽水大学（普通大学）→全南大学

2006 年：• 江陵大学 + 原州大学（护理专门大学）→江陵原州大学

2007 年：• 庆北大学 + 尚州大学（产业大学）→庆北大学

　　　　• 济州大学 + 济州教育大学→济州大学

　　　　• 全北大学 + 益山大学（国立专门大学）→全北大学

2009 年：• 仁川大学 + 仁川专门大学→仁川大学

2011 年：• 忠州大学 + 韩国铁道大学→交通大学

　　　　• 忠南大学 + 公州大学 + 公州教育大学→协商中

　　　　• 釜山大学 + 釜庆大学→讨论中

整合国立大学后，果断聘用产业界资深导师，加强尖端设施和器材的财政投入。在结构调整背景下，解决专任教师不足，以及设备投资等结构问题。

为构建发达国家型高等教育体制、建设职业教育大学制定法律依

---

① 教育部，自评报告书，2017 年 1 月。

据。系统地制定和修改高校相关法律，使其符合发达国家型高等教育体制。

针对依据《高等教育法》《终身教育法》《劳动者职业能力开发法》等运营的高等职业教育机构，单一化整改其相关法律，使其符合发达国家型高等教育体制职业教育大学的要求。

整合《职业教育训练促进法》与《关于振兴产业教育及促进产学研合作的相关法律》，考虑制定《高等职业教育建设法》（暂称）。

新设符合发达国家型高等职业教育体制职业教育大学的政府部门。为提高职业教育大学地位，促进职业教育，应建立政府层面的管理体制。

为整合分散于各部门的终身教育机构及高等职业教育机构，建立运营合作机制。为确保中等及高等职业教育政策的统一性、关联性、一贯性，建立综合体制。为职业教育的成功落地，设立相应的主管政府部门。

②在现有高等教育体制下，优先合并较容易进行行政、财政结构调整的公立道立大学和国立大学

摆脱作为"陪衬"的公立大学地位，统合为"国立、公立"大学。对于带着国立、公立大学的名头，却有名无实的两年制公立大学，消除对其负面认知是当务之急。

事实上，在全国，被冠以"国立""公立"名称的、各类规模的研讨会、论坛、联合会、听证会及其相应主办方和主管部门，都将两年制公立道立大学排除在外。

虽然皆按照国立的标准实施，但所谓"公立"，主要是指首尔的市立四年制普通大学。自2016年实施的大学财政管理运营模式也是以国立大学为中心，不适用于道立大学的财政管理结构。

2015年3月，制定并实施了《有关建立国立大学行政及财政运营的相关法律》。道立大学也引用该法案，从2016年开始设立大学财务专员，但存在会计系统不完善、与行政自治部门财政管理相关规定相冲突等问题，这需要进一步的完善。

相关法律有：大学会计适用《有关建立国立大学会计及财政运营的相关法律》，特别会计适用《地方财政法及地方自治团体财务会计运营规定》。

表 8-23　大学会计和特别会计对比 [①]

分类	大学会计	特别会计（地方自治团体）
会计年度	3 月 1 日至次年 2 月底	1 月 1 日至 12 月 31 日
会计工具	单独购买	e- 互助（地方财政管理系统）
预算科目	教育部标准	行政自治部标准
结算	附加审计报告	附加审计意见
物品折旧	采用电子预算财务系统（D-Brain）	不适用

道立大学也和国立大学一样，都需要进行设备升级。但道立大学的资金来源仅限于地方自治团体的财政支持。每年用于大学运营及设备投资等超过 100 亿韩元以上的费用，皆由地方自治团体承担。

国立大学根据大学预算提出申请，由教育部、企划财政部审议后获得财政支持。而公立大学（道立大学）则没有专门的财政预算，主要依据大学评估，通过公开募集、特别拨款等方式获得财政支持。

实施产学合作示范大学、特色专门大学、终身教育振兴项目等。

依靠目前的财政支援方式无法为道立大学提供稳定保障。道立大学的财政资金来源仅限于地方自治团体的支持，在设施投入等方面存在局限性。这就需要从国家层面给予支持。

在国家支持下与国立大学合并，为地区均衡发展做出贡献。道立大学的发展需要持续性的设备投资，但道立大学所在的地方自治团体很难投入大规模的资金预算。道立大学成立以后，在扩建教学楼及宿舍、维护老化校舍、更新设施等方面的计划几乎都没有实现。

提供支持的依据是《建设地方大学及培养地区均衡人才相关法律》第 16 条（国家等支持）：1）为改善地方大学的教学条件与研究条件，

---

① 全国道立大学校长协议会，2017 年 1 月。

国家和地方自治团体可以为保障教师、教育和研究的设施与设备相关需求提供相应支持。2）为振兴地方大学的学术与教学研究，国家和地方自治团体可以针对实验实习资金、研究专项资金、奖学金等提供必要的支持。

相对于私立专门大学，将较易于进行结构调整的道立专门大学（公立大学、地方大学、职业大学）与四年制国立大学整合为职业教育大学，并免去国家、社会的相关费用。

体现"国立、公立大学法人化"的国立大学中长期发展趋势。 现政府目前正在推进的"国立公立大学法人化"，以构建特色教育研究体系、提升国立、公立大学竞争力为目标，体现了大学运营体制的自主性与灵活性。而道立大学和国立大学的整合也符合这一趋势。

整合为国立四年制普通大学后，改编为职业教育大学。 将公立大学的改革模式定为以应对教育环境的急剧变化为前提，"构建校园环境"→"开设具有针对性的职业教育课程"→"整合为国立四年制大学后改编为职业教育名门大学的教育体制"，这是较为明智的选择。

如果想要推进与国立四年制普通大学的整合，就要先无偿转让道立大学的共有财产。

五、结论

1. 重组道立大学的意义

本节将以简要概括和整理以上内容来结束对本课题的讨论。首先，本章提出了道立大学的设立目的和目标，以此为依据提出了改革方向及其基础的构建。其次，本章针对道立大学的实际改革方案进行了探讨。道立大学应将建设与地区战略产业相联系的、培养地区创造性专业技术人才的名牌特色大学作为发展目标，探索在"终身工作"概念消失，"终身学习"时代到来之际，如何作为引领终身职业教育的大学发挥其功能与作用。考虑到这些因素，在结构调整的大环境下，道立大学需要发展成为与中央政府及广域地方自治团体有着密切联系的、能够发挥公共作用的结构调整示范大学，进一步发挥其作用与功能。

特别是在探讨有关国立大学整合及学制改编等教育部门宏观结构调整的前提下，提出了针对道立大学与国立大学进行整合的必要性。即通过整合道立大学和国立四年制普通大学来构建由国家主导运营的职业教育体系，实现更高效、更合理的高等职业教育体制。

2. 道立大学改革的方向与意义

以地区战略产业为前提，建设满足以下具体条件的特色化大学。以培养地区产业所需的创意性专业人才为目标，发展为以大学区域战略产业为导向的优势领域特色名牌大学。以第四次产业革命时代为背景，开发并开设适应时代剧变与先进技术的产学合作教育课程，实现就业率达到 75% 以上，为地区社会低收入群体及社会弱势群体提供高等教育机会。

在"终身工作"概念消失、代替为"专门职业人"的终身职业时代来临之际，需要建设终身职业教育大学作为终身学习的阵地，充分发挥其作用与功能。即针对"终身工作"概念消失的专门职业时代，构建终身职业教育的良性循环体制，通过扩大财政支持，为各类求职者同时开设学位及非学位教育课程。为此，需要引进以需求者为导向的弹性学位制度（授课年限、已修学分认定制、实习制、双学位制等）。另外，需要将现有专门大学中的终身职业教育大学与普通大学中的终身职业教育专科大学的管理经验加以联系与融合，为终身职业大学的建设与运营提供借鉴。同时，扩大相关的财政支持并制定相关法律也是必不可少的。

3. 有关道立大学改革与发展的建议

在大学结构调整的背景下，道立大学作为将其负面影响降至最低的"安全阀"，充分发挥结构调整示范大学的作用。同时，还将作为大学结构调整后续项目（学士管理、奖学金等相关法律、制度、财政措施）

的执行窗口发挥其作用。对于招生人数缩减问题，应通过调整学科结构、提高行政组织效率来保证大学竞争力。

根据先进职业教育的发展趋势，构建由国家主导经营的职业教育体制，即探讨与国立四年制普通大学进行整合。也就是说，在现有高等教育体制下，将行政、财政结构调整相对容易的公立道立大学与国立大学合并后，转换为职业教育大学。为此，应根据道立大学与国立大学整合及改编为职业教育大学的具体情况，在提供与之相对应的财政支持的同时，修订和制定相关法律法规。

※ 在此注明，本部分的第二节"高等职业教育的现有条件与改善方向"由前东洋未来大学教授兼高等职业教育评价院院长梁汉柱先生执笔撰写。为了确保本文整体逻辑顺畅，在获得先生谅解的前提下引用了该文章。

附：向第 19 届总统候选人提出的有关道立大学发展的要求

将现有的道立大学改编为国立职业教育大学

全国六个广域自治团体设立的七所道立（公立）大学，作为20世纪90年代后期国家均衡发展教育政策的一环，在设立后的二十多年间，始终默默地引领地区社会的发展。

特别是为地区社会低收入群体及弱势群体提供了高等教育机会，并为国家培养出符合产业需求的专业人才。但是近几年，由于低出生率、高龄化导致大学招生面临"人数断崖"，无可避免地陷入了无限竞争时代与结构调整时代带来的挑战。

一方面，由于经济低增长与萧条、青年长期处于失业、"终身工作"概念消失后"专门职业人"时代登场，再加上"第四次产业革命时代"的到来，高等职业教育需要进行与发达国家职业教育模式相媲美的突破性变革。

以发达国家为例，作为最高教育机构的大学主要由国家负责运营。职业教育更是如此。但在韩国，私立专门大学占 98%，只有 2% 是由广域自治团体设立和运营的。可以说，国家正在放弃职业教育。而现在，是国家应该采取积极行动的时候了。

其间，道立大学在国立、公立的美名下，有名无实地站在公共交流的平台上，从未受到过真正的关注。作为以引领地区均衡发展为目的设立的公立大学，国家从未提供过任何的财政支持。

道立大学和国立大学的整合，可以将大学结构调整产生的负面影响降至最低，进而起到"安全阀"的作用。这是能够充分发挥结构调整示范大学作用的最佳方案，也直接关系到是否能实现作为终身职业教育的场所、引领终身学习时代"国民终身学习大学"的目标。

整合道立大学和国立大学，可以为良好地解决大学结构调整问题提供线索。这是符合国立大学联合体制方案的最佳选择。对此，道立大学七所学校全体成员强烈要求针对道立大学和国立大学进行整合。

全国道立大学教育协会

2017 年 3 月 20 日

企划专栏　地方自治团体与公立大学的协作共赢

道立大学的另一个身份是公立大学。这也意味着，道立大学是以促进国民公共福利和地区社会发展为目的建立的大学。道立大学是依托 1988 年 12 月 31 日修订的《偏远地区开发促进法》（2008 年 3 月 28 日废止），于 1996 年至 1999 年期间设立的。但因国家财政负担过重，经营权被转移到了所属道（政府）。目前，全国共有江原、庆北、庆南（居昌、南海）、忠南、忠北、全南等七所道立大学，有着超过二十年的发展历史。学校的学费与住宿费低廉、奖学金种类繁多、交通便利，目的就是为了能够向经济困难的优秀人才提供更多的高等教育机会。特别是作为"社会性大学"，能够让部分毕业生通过限制性竞争成为公务员。

道立大学，可以说是承担着职业教育与促进地区均衡发展的、小而强大的"精品大学"。尽管如此，作为高等教育机构，至今未出现过针对其设立、作用及功能进行研究的国家级研究报告。因为既不是国立大学，也不是首都圈内的大学或四年制普通大学，更不是首都圈附近财政充裕的私立专门大学。道立大学被数一数二的"实力大学"排挤到了财政支持的死角地带。

从"年龄"上看，道立大学已经成长为"弱冠"的20岁左右的青年。但在初期投资建立后，仅止步于维持运营，导致现阶段出现设施不完善且老化的现象，亟须财政支持。但与国立大学不同的是，道立大学每年包括运营费、设施费等超过100亿韩元的预算，皆是由财政自给能力较弱的地方自治团体来负担的。也就是说，国立大学在经过教育部、企划财政部审议后，可以及时获得财政预算支持。但道立大学则是在没有特别支持的情况下，勉强依靠产学合作示范大学、特色专门大学、UNITEC工程、终身教育振兴事业等集资手段来维持预算。特别是，由于财政支持仅限于劳务费，因此，需要通过组建地区发展特别会计来充分发挥道立大学作为"国营"大学的功能和作用，脱胎换骨为"地区终身职业教育示范大学"。

近期，道立大学成员看到"国营型私立大学"成为热门话题后，感到非常不舒服。道立大学就是名正言顺的"国营"大学。他们认为，这种做法让"地区均衡"与"地方分权"两大地方自治主题黯然失色，无疑是一种"画蛇添足"的高等教育政策。如果一定要追加，那也是必须由道立大学来承担作为"以地方产业集群为基础的地区示范大学"的职能。道立大学的设立主体是广域地方自治团体，设立目的是成为能够培养地方产业所需的、创意性专业人才的地区产业特色大学与终身职业教育大学。

表 1　道立大学财政结构形态变化

分类	过去		变化后
	特别会计	大学会计	既有会计
预算	道拨款	道拨款＋大学自营收入	后援会会费
编制	道	大学	大学
审查、决议	道议会	大学财政委员会	后援会理事会

自 2015 年 3 月，废除国立大学的后援会会费开始，道立大学为了改善现有的二元化大学会计制度，在提高大学财政运营的自主性、公开性与责任性的同时，把副作用降到最低，引进了大学会计制度。

全国七所道立大学，通过政府及地方政府获取财政支持来维持运营。同时，也与直辖地方自治团体所在的市、郡进行广泛的合作，带动地区社会的产业发展。大部分道立大学与广域及地方自治团体的产业发展重心一致。同时，作为与地区居民相伴的大学，进行着互惠共赢的合作。例如，忠清南道立大学以"医药—生物—半导体显示器"为中心的高新技术产业，庆尚北道立大学以移动通信和能源等新成长技术产业，居昌—南海道立大学以运输机械融合零部件等海陆物流相关产业，江原道立大学以观光休闲和防灾产业为重心。

这里我们将具体分析"全罗南道及下属地方自治团体—政府机关—全南道立大学"共赢与合作的案例。

全罗南道立大学，以大学所在广域五大经济圈的龙头产业为导向，早早地提出了"培养以新再生能源和光材料为中心的、创造力与品德兼备的定居型人才"的口号，与"政府—全罗南道—郡"等保持着密切的合作。特别是，与下属的 22 个市、郡等形成了有机的产学合作机制。同时，还与包括大学示范点——潭阳郡在内的求礼郡、谷城郡、和顺郡、灵光郡、长城郡等六个郡签订了"产学官协作"的业务协定。大学以本地的居民、个体户、小工商业者、弱势群体、创业人员、已退休和即将退休人员、上班族、再就业女性、在职人员、考证人员等为对象，以100岁终身职业教育时代为目标，展开了引领就业创业的终身职业教育。今年5月，全罗南道立大学入选教育部支援改革项目中的"Ⅰ类：自主协议型项目"；紧接着6月，又入选教育部支援改革项目中的"Ⅲ类：弱校示范型项目"。

弱校示范型项目的核心内容是：构建与终身职业教育共同发展的有机合作体制，开设地区贴合型终身职业教育、产学官协作、改善地区定居条件及就业扶持等符合地区需求的革新性教育课程。该大学与地方自治团体自2015年到2019年的合作历程如下。

1）集中培养战略产业优势领域相关人才。与潭阳郡签订协议后，以地区居民为对象，针对400名学生开设了10个终身教育课程，以及生活陶瓷、药膳—韩食等相关课程。作为培养民间传统饮食及餐饮产业发展相关人才的重要环节，开设了南都韩食餐饮产业大师课程，并进行与竹子饮食开发及餐饮运营相关的咨询。近期，作为地区及产业对口支援项目，正在面向入住潭阳产业园区的企业及想要就业的求职者，建设就业综合支持中心。终身职业教育课程包括：3门南道传统文化专家课程，以及创业大师项目中的当地美食课程与咖啡师课程各3门。

2）开设体现第四次产业革命时代相应技术的产学导向型教育课程。将能源谷产学合作院校设立在罗州的光州—全南创新产业园，培养与能源相关的电气电子和ICT专业的学生，为相邻的韩国电力等企业输入人才，以达到产学融合的目的。作为面向地方自治团体与道域居民的终身职业教育课程，主要以农村融合、复合专家课程为主，其中包括发酵专家、南道饮食专家、无人机专家等11个课程。

3）为地区社会低收入群体及社会弱势群体提供高等教育机会。这是道立大学的最大优势。目前，作为服务地区社会的投资项目，主要包括养老健康项目（潭阳、和顺、长兴辖区内满65周岁以上老人）、国际婚姻移民女性应用英语学习服务（潭阳辖区内幼儿园、小学)、儿童青少年心理健康服务、网瘾儿童及青少年治愈服务、儿童餐饮管理支援中心、潭阳郡辖区 37 个婴幼儿机构的食谱开发及卫生教育项目等。

4)开展丰富多彩的社会服务与志愿活动。包括道内长居居民子女英语体验基地(教室、宿舍、内部食堂)、教师研修及各类机关团体活动(体育活动、庆典、宿营地)、地区居民志愿活动(陶瓷体验、疗养院及敬老院脚按摩志愿活动)、农村房屋修缮等。终身职业教育课程以地区特色护理服务专家课程为主,设有美容服务 2 门、痴呆症预防及老年服务 3 门课程。自 2001 年至今,还致力于培养全南文化观光解说员。

表 2　道立大学的合作项目

■ 持续促进产学合作
■ 依靠资深技术人员运营产业现场贴合型职业教育项目
■ 启动创收商业模式(获得知识产权、社区服务)
■ 与地方共同开展志愿服务项目(地区服务、竞赛比赛、参与自由学期)
■ 举办以促进地区产业与社会合作成果为目标的职业协议会、博览会

为促进广域及地方自治团体互惠合作的全罗南道立大学核心议程

道立大学的现在(As-Is)是以学科专业为主、以学位和课程、年级和学期为中心的注册制专门大学。但是,要想成为体现高等职业教育发达国家发展趋势的未来(To-Be)大学,就必须同时开设学位与非学位教育课程,实施以成人、在职者、求职者为主体的终身职业教育,采用聚焦于多种就业机会的学位制度,实现授课年限多样化。只有在地方自治团体与地区居民之间起到衔接作用的道立大学,发展成为地区骨干的终身职业教育大学,才能满足第四次产业革命时代的教育模式,进而提高高等职业教育部门的国家竞争力。

(《韩国大学新闻》,2019 年 10 月 23 日)

专栏　加快推进公立大学的进步与发展

　　新政府上台后，道立大学在高等教育政策上仍未能受到关注，被排挤在外。道立大学既不是国立大学，也不是首都圈内的大学或四年制普通大学。当然，更不是财政充裕的首都圈附近的私立专门大学。虽然偶尔也会以国立、公立大学协议会之名登上舆论，但这也主要是针对首都圈内的、首尔的市立四年制普通大学，并不包括作为公立大学的道立大学。道立大学是肩负着高等教育与高等职业教育的专门大学，也是由国家基层组织广域自治团体运营的公立大学。但针对道立大学的行政财政支持，却仍处于高等教育的死角地带。

　　最近，教育部分别与国立大学和私立大学成立了特别工作小组，共同讨论议题并制定了发展计划，致力于让国政课题深入现场。这类新闻让道立大学成员陷入了"我们是否是为了接受这样的结果才致力于培养地区产业人才"的自卑和失落当中。特别是，教育部—国立大学特别工作小组（TF）提出：依托国立大学的"公共性和责任性"与"地区社会发展贡献"，国家将投入800亿韩元打造"以地方产业集群为基础的地区示范大学"。但教育部的这个项目，不仅将道立大学，而且将所有的专门大学全部都排除在外。也就是说，国家无视了占高等教育40%的高等职业教育机构，以及作为地区均衡发展轴心的道立大学的存在。

大学结构调整时代，应向地区均衡发展示范大学转型

　　全国七所道立大学经过仅二十多年的时间，从大学无限竞争时代到近期的大学结构调整，与地方的相关产业企业建立了紧密的合作，为培养专业技术人才拼尽了全力。特别是，通过为国家和地方条件最差的偏远地区居民的子女提供低廉的学费和住宿费等，来增加高等教育机会，这在建立社会安全保障方面起到了积极作用。

　　但是，作为教育需求者，很多居民对道立大学最真实的设立背景和存在意义没有清晰的了解。甚至，作为实际负责韩国教育运营的教育部，对道立大学的昨天、今天与未来也毫不关心。与其他大学相比，道立大学在处理国家财政支持或机构评价认证等问题上的经验较为丰富。但目前，在教育部、韩国教育开发院、韩国职业能力开发院等国家层面上针对道立大学进行的纵向、横向研究（结构改革研究），可以说是空白。这是在现政府角度上必须指出的问题。某次参加高等教育会议时，曾从某位教育部高层官员那里听到"听说道立大学是一年从广域地方自治团体至少收取 500 亿韩元的'冤家'？""道立大学即使在运营上受到一定的阻碍，不也应该开设具有当地特色的专业吗？"等让人无语的提问。针对前者，我想说，道立大学的教授以及职工（道立大学平均 50 多名）从国家（行政安全部）那里获得的工资预算可以说是极其微薄的。针对后者，如果只开设与地方相关的专业，那么作为"大学评价三项指标"的新生入学率、在校生入学率以及毕业生就业率等就会出现问题。不说财政预算支持，就连大学机构的评价认证也会受到严重的打击。目前，在没有与国立大学相同水平的可持续性财政支持结构的情况下，道立大学不可能成为真正意义上的地区产业合作特色大学。虽然道立大学表面上也提倡特色化，但只有如实地维持与其他大学差不多的水平，才能保障其生存。

成为符合终身职业时代的终身职业教育大学

现政府上台后，关于"国营型私立大学"的讨论非常激烈。在韩国，包括普通大学在内，专门大学中私立大学占 90% 的高等教育体制下，提出像发达国家一样，增加国家或地方自治团体的经营比例是有道理的。职业教育部门更应负起责任。目前，虽然还没有国营型私立大学，但公立大学不是早就有了吗？在充分发挥现有公立大学作用的基础上，依托结构调整把部分私立大学联系起来进行国营化，不是更为明智的选择吗？而且，作为听证会，却在普通大学与专门大学比率严重失衡的情况下发表了研究报告书。这是在无视职业教育亦是国营性质的事实，很有可能让处于优势地位的普通大学展开"瓜分式"的财政预算。在韩国，由于 94% 的高等职业教育专门大学都是私立大学，因此，没有人会针对学习欧美先进国家，提高公立大学的比率提出异议。很多教育专家表示，对于韩国高等教育结构，国家理应积极出面，将其调整为国立、公立型。

全国七所作为公立专门大学的道立大学（江原、庆南居昌、庆南南海、庆北、全南、忠南、忠北），是依托总统承诺项目1988年12月31日修订的《偏远地区开发促进法》（2008年3月28日废除），于1996年至1998年间设立的。但以国家财政负担加重为由，其经营权被转移到了所属的各个道，勉强维持着运营。道立大学因设施不完善以及基础设施老化等问题，亟须可持续的财政支持。作为公立大学的道立大学，目前针对仅在劳务费上获得财政支持的问题，应组建地区发展特别会计，充分发挥其国营大学的作用与功能，稳固其作为地区职业教育示范大学的地位。这是国家均衡发展的途径，也是作为大学结构调整示范大学迈出的第一步。用国民的血汗税金重新规划教育百年大计、职业教育千年大计，谋求地区均衡发展的高等教育部门，眼前最迫切的目标是将作为公立大学的道立大学发展成为职业教育示范大学。

（《教学新闻》，2018年3月12日）

译后记

 我国著名教育学家潘懋元先生曾讲道："高等职业技术教育是科学技术转化为现实生产力的关键，也是社会现代化建设的基础。世界发达国家从 20 世纪 50—60 年代开始，就将职业教育的重心上移到高等教育水平，而我国到 20 世纪 80 年代，对职业教育的认识与政策基本上还停留在中职、初技上，从而影响了产业结构从劳动密集型向技术型转变的过程，也影响了社会现代化建设的力度。为此，开展高职教育研究，剖析问题，提高认识，探索高职发展的道路，应是实施科教兴国的重要一环。"

 韩国社会的发展正好印证了潘先生的论点。2021 年 7 月，韩国凭借发达的制造业跻身联合国认可的发达国家行列。可以说，韩国经济和社会的迅猛发展与早期国家对职业教育的布局密不可分。专门大学作为韩国高等职业教育机构，一直在培养高技能人才方面发挥着中流砥柱的作用。通过国家支持、院校发力，目前韩国已建立完善的职业教育体系，他们的一些做法对于我国职业教育发展有一定的参考价值。

 《职业教育与终身教育——韩国专门大学教育的特性》一书是由韩国首尔国立大学的一位博士生推荐的，它系统介绍了韩国专门大学三十多年的发展历程以及职业教育与终身教育在韩国的发展脉络，对于了解韩国职业教育体系和特征，促进中韩职业教育比较研究有重要参考价值。韩国作为我国的重要邻国，在社会文化领域与中国有诸多相似之处，因而其职业教育与终身教育的发展经验对我国建设现代化职业教育有一定的借鉴意义。鉴于此，结合个人工作岗位和外语特长，我从翻译的角度出发，便产生了翻译该著作的想法。

2021 年 1 月，本人受深圳职业技术学院职业教育研究所的委托，与本书作者韩康熙教授取得联系，表达了翻译该著作的意向。不久便获得韩教授答复，他同意授权将本书翻译成中文并在中国出版发行。此后，我成立了翻译该著作的项目组，并进行了明确的分工合作，经过一年多的翻译和反复校对，最终确定了终稿。全书由我本人统筹，并负责翻译第一、三、四、五、六章，同时邀请郑燕博士参与，负责翻译第二、七、八章。此外，在翻译过程中，也得到了深职院商外学院应用外语专业韩语方向的陈佳欣、陈瑶、李雪梅、林少妹、马丹凤、农雅静、邱彦霖、温杰婷、谢君、张嘉琪和数创学院的王斯逸等同学的帮助。他们在搜集相关资料、翻译相关术语、校对语言文字方面做了大量工作，在此对上述人员的辛勤工作一并表示感谢。

由于时间紧迫，资料繁杂，此书翻译难免出现错误和纰漏，敬请各位读者批评指正。

朴铃一

图书在版编目(CIP)数据

职业教育与终身教育 ：韩国专门大学教育的特性 /
（韩）韩康熙著 ；朴铃一，郑燕译 . — 北京 ：商务印书
馆，2024
　ISBN 978-7-100-22505-2

　Ⅰ . ①职… Ⅱ . ①韩… ②朴… ③郑… Ⅲ . ①职业教
育－研究－韩国 Ⅳ . ① G719.312.6

　中国国家版本馆 CIP 数据核字 (2023) 第 093844 号

职业教育与终身教育

韩国专门大学教育的特性

〔韩〕韩康熙 著

朴铃一 郑燕 译

商 务 印 书 馆 出 版
（北京王府井大街 36 号　邮政编码 100710）
商 务 印 书 馆 发 行
艺堂印刷（天津）有限公司印刷
ISBN　978-7-100-22505-2

2024 年 6 月第 1 版　　　开本 710×1000　1/16
2024 年 6 月第 1 次印刷　　印张 15
定价：78.00 元